本書係「敦煌文獻系統性保護整理出版工程」項目成果

二〇二一—二〇三五年國家古籍工作規劃重點出版項目

「十四五」國家重點出版物出版規劃項目

國家古籍整理出版專項經費資助項目

中國國家圖書館藏
敦煌文獻

中國國家圖書館 編

第五七册

BD00854～BD00867

國家圖書館出版社

DUNHUANG MANUSCRIPTS IN THE NATIONAL LIBRARY OF CHINA

057

BD00854 ~ BD00867

compiled by the

National Library of China

National Library of China Publishing House

顧問

方廣錩　郝春文　榮新江　李際寧

編纂出版

張志清　魏　崇　陳紅彦　殷夢霞　薩仁高娃
謝冬榮　劉　波　林世田　廖生訓

編纂

林世田　薩仁高娃　常蓋心　于　瑞　劉毅超
烏心怡　劉　波　劉炳梅　周升川　劉　婷
程佳羽　沈艷麗　高　雅

編輯

潘　竹　程魯潔　黄　鑫　苗文葉

審稿

孫　彦　耿素麗　宋志英　鄧咏秋

凡例

一 本書刊布中國國家圖書館藏敦煌文獻，以館藏編號爲序編排。

二 館藏編號采用「BD+流水號」格式，如 BD00001, BD16579 等。背面在編號後加 v 表示。一個編號包含多件文獻者，編號後分别綴以字母 A, B, C 等。一件文獻含有多個内容者，以數字 -1, -2, -3 等標明順序。

三 圖版有縮印或放大處另加説明，尺寸超出本書幅面的以摺葉形式呈現。

四 卷軸裝、梵夾裝、經摺裝等裝幀形制的敦煌文獻，各附外觀圖像。

五 每件文獻依次呈現外觀、正面、背面等。背面僅刊布有文字、圖像或其他要素的圖版，而略去素紙部分，背面圖版同樣以從右到左順序編排。凡有外題者，遵從以上原則。

六 除個别特殊情况外，爲保證閲讀連貫、流暢，圖版儘量通欄呈現。

七 各葉上方附該件文獻全圖，以高亮形式顯示本葉大圖在全卷中的位置。部分長卷文獻全圖衹能分多段呈現時，在上段末以符標示下段接續。卷尾内容不足一葉時，文獻全圖使用該圖卷尾部分，亦以符標示。背面圖版文字與正面文字方向相反時，文獻全圖按原貌顯示，正文翻轉呈現，以便閲讀研究，用符標示。

八 文獻題名大體沿用中國國家圖書館此前所編多部敦煌文獻目録的考證，部分吸收學界最新研究成果略作調整和完善。文獻題名綜合參考原卷首題、尾題、外題確定，如原卷題名與該文獻正式名稱不同，則采用正式名稱；無題名者，或比定題名，或擬定新名。非漢文文獻在題名前標注語種。有分卷不同等其他情况者，括注於文獻名稱後。

九 本書著録使用通行繁體字，涉及原文中的人名、地名等，必要時保留原字形。

About this publication

1. The documents are presented in shelfmark order.
2. The shelfmarks are in the form BD plus a running number, eg. BD00001, BD16579, &c. If a given shelfmark contains multiple documents, these are distinguished by the letters A, B, C, &c. If a document has multiple contents, they are distinguished by the numbering 1, 2, 3, &c. The verso side of an item is indicated by the letter v.
3. If it has been necessary to reduce or enlarge the size of an illustration, the dimensions are indicated. If the size of an illustration exceeds the size of the book, a folding sheet is used.
4. If the document is a scroll, a folded sutra, or has a stitched binding, a picture of the whole object is provided to show its external appearance.
5. The cover, front, and back of each document are reproduced in sequence. The back of a document is only reproduced if it contains text, illustrations, or other markings, and it is oriented from right to left. If it is blank it is not reproduced.
6. Except in a few special cases, the lines of text are reproduced unbroken to make them coherent and easier to read.
7. An illustration of the complete document is reproduced at the top of each page, and the section where the main illustration appears is highlighted in order to indicate its position. If it has only been possible to reproduce a long scroll in sections, the direction symbol has been used to indicate where one illustration ends and the next one begins. If the end of the scroll occupies less than one page, the direction symbol is used to indicate its position in the illustration of the complete document. If the text on the back of the document has a different orientation from the text on the front, it is reproduced as it is, but is also rotated (indicated with the rotation symbol) so that it can be read easily.
8. The titles of the documents generally conform with those already established by the Library, but in some cases have been amended by drawing on the most recent scholarly research. The titles are derived firstly from the beginning of the text, then from the end of the text, and lastly from the cover. If the title of a document differs from its authoritative form, the authoritative form is used; and if a document has no title, one is either supplied by comparison with similar documents, or a new one is devised. If the document is not in Chinese, its language is indicated before the title. If the number of juan is different from that of the authoritative version, or if there are other irregularities, this is noted.
9. The documents in the book are in traditional Chinese characters. Where the title contains personal or place names, the original characters used for these names are retained.

(Translated by David Helliwell)

第五七册目録

BD00854 大般若波羅蜜多經卷一三

（唐）玄奘 譯

814.6cm × 25.6cm

解十八佛不
力若有相若无相不
解十八佛不共法若有
十力若有願若无願不應觀四无
礙解十八佛不共法若有願若无願不
佛十力若寂靜若不寂靜不應觀四无所畏
四无礙解十八佛不共法若寂靜若不寂靜
不應觀佛十力若遠離若不遠離不應觀四
四所畏四无礙解十八佛不共法若遠離若
不遠離不應觀佛十力若有為若无為不應
觀四无所畏四无礙解十八佛不共法若有
為若无為不應觀佛十力若有漏若无漏不
應觀四无所畏四无礙解十八佛不共法若
有漏若无漏不應觀佛十力若生若滅不

應觀四无所畏四无礙解十八佛不共法若
生若滅不應觀佛十力若善若非善不應觀
四无所畏四无礙解十八佛不共法若善若
非善不應觀佛十力若有罪若无罪不應觀
四无所畏四无礙解十八佛不共法若有罪
若无罪不應觀佛十力若有煩惱若无煩
惱不應觀四无所畏四无礙解十八佛不共法
若有煩惱若无煩惱不應觀佛十力若世間
若出世間不應觀四无所畏四无礙解十八
佛不共法若世間若出世間不應觀佛十力
若雜染若清淨不應觀四无所畏四无礙解
十八佛不共法若雜染若清淨不應觀佛十力
若屬生死若屬涅槃不應觀四无所畏四无
礙解十八佛不共法若屬生死若屬涅槃不
應觀佛十力若在内若在外若在兩間不應

BD00854　大般若波羅蜜多經卷一三

若屬生死若屬涅槃不應觀四无所畏四无
礙解十八佛不共法若屬生死若屬涅槃不
應觀佛十力若在內若在外若在兩間不應
觀四无所畏四无礙解十八佛不共法若在
內若在外若在兩間不應觀佛十力若可得
若不可得不應觀四无所畏四无礙解十八
佛不共法若可得若不可得
復次善現諸菩薩摩訶薩脩行般若波羅蜜
多時不應觀大慈若常若无常不應觀大悲
大喜大捨若常若无常不應觀大慈若樂若
苦不應觀大悲大喜大捨若樂若苦不應觀
大慈若我若无我不應觀大悲大喜大捨若
我若无我不應觀大慈若淨若不淨不應觀
大悲大喜大捨若淨若不淨不應觀大慈若
空若不空不應觀大悲大喜大捨若空若不

大喜大捨若有相若无相不應觀大慈若有
願若无願不應觀大悲大喜大捨若有願若
无願不應觀大慈若寂靜若不寂靜不應觀
大悲大喜大捨若寂靜若不寂靜不應觀大
慈若遠離若不遠離不應觀大悲大喜大捨
若遠離若不遠離不應觀大慈若有為若无
為不應觀大悲大喜大捨若有為若无為不
應觀大慈若有漏若无漏不應觀大悲大喜
大捨若有漏若无漏不應觀大慈若生若滅
不應觀大悲大喜大捨若生若滅不應觀大
慈若善若非善不應觀大悲大喜大捨若
善若非善不應觀大慈若有罪若无罪不應
觀大悲大喜大捨若有罪若无罪不應觀大
慈若有煩惱若无煩惱不應觀大悲大喜大

善若非善不應觀大慈若有罪若无罪不應
觀大悲大喜大捨若有罪若无罪不應觀大
慈若有煩惱若无煩惱不應觀大悲大喜大
捨若有煩惱若无煩惱不應觀大慈若世間
若出世間不應觀大悲大喜大捨若世間若
出世間不應觀大慈若雜染若清淨不應觀
大悲大喜大捨若雜染若清淨不應觀大慈
若屬生死若屬涅槃不應觀大悲大喜大捨
若屬生死若屬涅槃不應觀大慈若在内若
在外若在兩間不應觀大悲大喜大捨若在
内若在外若在兩間不應觀大慈若可得若
不可得不應觀大悲大喜大捨若可得若不
可得
復次善現諸菩薩摩訶薩脩行般若波羅蜜
多時不應觀三十二大士相若常若无常不

應觀八十隨好若常若无常不應觀三十二
大士相若樂若苦不應觀八十隨好若樂若
苦不應觀三十二大士相若我若无我不應
觀八十隨好若我若无我不應觀三十二大
士相若淨若不淨不應觀八十隨好若淨若
不淨不應觀三十二大士相若空若不空不
應觀八十隨好若空若不空不應觀三十二
大士相若有相若无相不應觀八十隨好若
有相若无相不應觀三十二大士相若有願
若无願不應觀八十隨好若有願若无願不
應觀三十二大士相若寂靜若不寂靜不應
觀八十隨好若寂靜若不寂靜不應觀三十
二大士相若遠離若不遠離不應觀八十隨
好若遠離若不遠離不應觀三十二大士相

好若遠離若不遠離不應觀三十二大士相
若有為若无為不應觀八十隨好若有為若
无為不應觀三十二大士相若有漏若无漏
不應觀八十隨好若有漏若无漏不應觀三
十二大士相若生若滅不應觀八十隨好若
生若滅不應觀三十二大士相若善若非善
不應觀八十隨好若善若非善不應觀三十
二大士相若有罪若无罪不應觀八十隨好
若有罪若无罪不應觀三十二大士相若有
煩惱若无煩惱不應觀八十隨好若有煩惱
若无煩惱不應觀三十二大士相若世間若
出世間不應觀八十隨好若世間若出世間
不應觀三十二大士相若雜染若清淨不應
觀八十隨好若雜染若清淨不應觀三十二

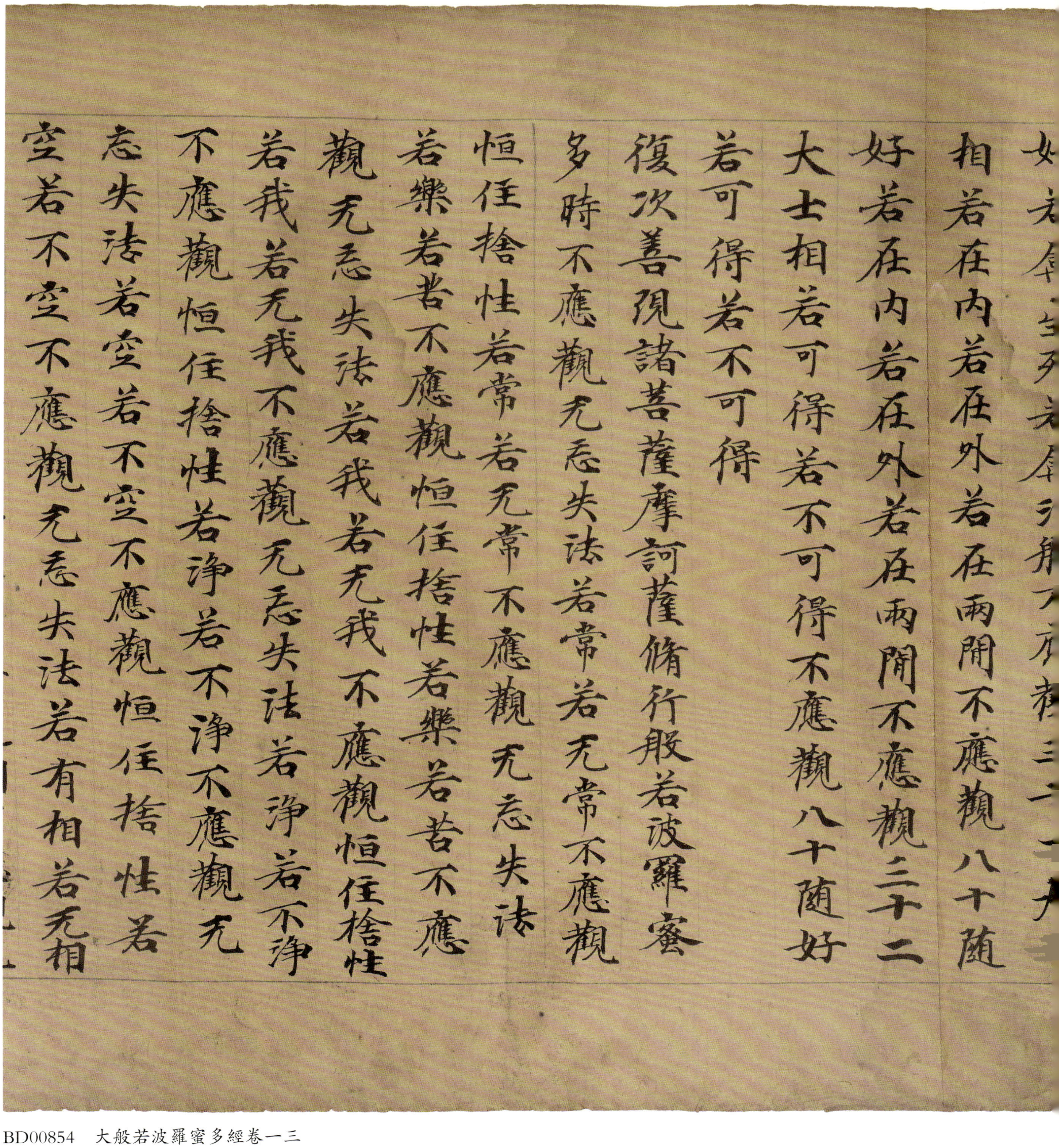

相若在内若在外若在兩閒不應觀八十隨
好若在内若在外若在兩閒不應觀三十二
大士相若可得若不可得不應觀八十隨好
若可得若不可得
復次善現諸菩薩摩訶薩修行般若波羅蜜
多時不應觀无忘失法若常若无常不應觀
恒住捨性若常若无常不應觀无忘失法
若樂若苦不應觀恒住捨性若樂若苦不應
觀无忘失法若我若无我不應觀恒住捨性
若我若无我不應觀无忘失法若淨若不淨
不應觀恒住捨性若淨若不淨不應觀无
忘失法若空若不空不應觀恒住捨性若
空若不空不應觀无忘失法若有相若无相

BD00854　大般若波羅蜜多經卷一三

空若不空不應觀无忘失法若有相若无相
不應觀恒住捨性若有相若无相不應觀无
忘失法若有願若无願不應觀恒住捨性若
有願若无願不應觀无忘失法若寂靜若不
寂靜不應觀恒住捨性若寂靜若不寂靜不
應觀无忘失法若遠離若不遠離不應觀恒
住捨性若遠離若不遠離不應觀无忘失法
若有為若无為不應觀恒住捨性若有為若
无為不應觀无忘失法若有漏若无漏不應
觀恒住捨性若有漏若无漏不應觀无忘失
法若生若滅不應觀恒住捨性若生若滅不
應觀无忘失法若善若非善不應觀恒住捨
性若善若非善不應觀无忘失法若有罪若
无罪不應觀恒住捨性若有罪若无罪不應
觀无忘失法若有煩惱若无煩惱不應觀恒

住捨性若有爲若无爲不應觀无忘失
法若世間若出世間不應觀恒住捨性若世
間若出世間不應觀无忘失法若雜染若清
淨不應觀恒住捨性若雜染若清淨不應觀
无忘失法若屬生死若屬涅槃不應觀恒住
捨性若屬生死若屬涅槃不應觀无忘失法
若在內若在外若在兩間不應觀恒住捨性
若在內若在外若在兩間不應觀无忘失法
若可得若不可得不應觀恒住捨性若可得
若不可得復次善現諸菩薩摩訶薩脩行般
若波羅蜜多時不應觀一切智若常若无常
不應觀道相智一切相智若常若无常不應
觀一切智若樂若苦不應觀道相智一切相
智若樂若苦不應觀一切智若我若无我不
應觀道相智一切相智若我若无我不應觀

智若樂若苦不應觀一切智若我若无我不
應觀道相智一切相智若我若无我不應觀
一切智若淨若不淨不應觀道相智一切相智
若淨若不淨不應觀一切智若空若不空不
應觀道相智一切相智若空若不空不應觀
一切智若有相若无相不應觀道相智一切
相智若有相若无相不應觀一切智若有願
若无願不應觀道相智一切相智若有願若
无願不應觀一切智若寂靜若不寂靜不應
觀道相智一切相智若寂靜若不寂靜不應
觀一切智若遠離若不遠離不應觀道相智
一切相智若遠離若不遠離不應觀一切智
若有爲若无爲不應觀道相智一切相智若
有爲若无爲不應觀一切智若有漏若无漏
不應觀道相智一切相智若有漏若无漏不

應觀一切智若生若滅不應觀道相智一切
相智若生若滅不應觀一切智若善若非善
不應觀道相智一切相智若善若非善不應
觀一切智若有罪若无罪不應觀道相智一
切相智若有罪若无罪不應觀一切智若有
煩惱若无煩惱不應觀道相智一切相智若
有煩惱若无煩惱不應觀一切智若世間若
出世間不應觀道相智一切相智若世間若
出世間不應觀一切智若雜染若清淨不應
觀道相智一切相智若雜染若清淨不應觀
一切智若屬生死若屬涅槃不應觀道相智
一切相智若屬生死若屬涅槃不應觀一切
智若在內若在外若在兩間不應觀道相智
一切相智若在內若在外若在兩間不應觀

一切智若在内若在外若在兩間不應觀
一切智若可得若不可得不應觀道相智一
切相智若可得若不可得
復次善現諸菩薩摩訶薩脩行般若波羅蜜
多時不應觀預流果若常若无常不應觀一
來不還阿羅漢果獨覺菩提若常若无常不
應觀預流果若樂若苦不應觀一來不還阿
羅漢果獨覺菩提若樂若苦不應觀預流果
若我若无我不應觀一來不還阿羅漢果獨
覺菩提若我若无我不應觀預流果若淨若
不淨不應觀一來不還阿羅漢果獨覺菩提
若淨若不淨不應觀預流果若空若不空不
應觀一來不還阿羅漢果獨覺菩提若空若
不空不應觀預流果若有相若无相不應觀
一來不還阿羅漢果獨覺菩提若有相若无

相不應觀預流果若有願若无願不應觀一
來不還阿羅漢果獨覺菩提若有願若无願
不應觀預流果若寂靜若不寂靜不應觀
一來不還阿羅漢果獨覺菩提若寂靜若不
寂靜不應觀預流果若遠離若不遠離不應
觀一來不還阿羅漢果獨覺菩提若遠離若
不遠離不應觀預流果若有為若无為不應
觀一來不還阿羅漢果獨覺菩提若有為若
无為不應觀預流果若有漏若无漏不應觀
一來不還阿羅漢果獨覺菩提若有漏若无
漏不應觀預流果若生若滅不應觀一來不
還阿羅漢果獨覺菩提若生若滅不應觀預
流果若善若非善不應觀一來不還阿羅漢
果獨覺菩提若善若非善不應觀預流果若

果獨覺菩提若善若非善不應觀預流果若
有罪若无罪不應觀一來不還阿羅漢果獨
覺菩提若有罪若无罪不應觀預流果若有
煩惱若无煩惱不應觀一來不還阿羅漢果
獨覺菩提若有煩惱若无煩惱不應觀預流
果若世間若出世間不應觀一來不還阿羅
漢果獨覺菩提若世間若出世間不應觀預
流果若雜染若清淨不應觀一來不還阿羅
漢果獨覺菩提若雜染若清淨不應觀預流
果若屬生死若屬涅槃不應觀一來不還阿
羅漢果獨覺菩提若屬生死若屬涅槃不應
觀預流果若在內若在外若在兩間不應觀
一來不還阿羅漢果獨覺菩提若在內若在
外若在兩間不應觀預流果若可得若不可
得不應觀一來不還阿羅漢果獨覺菩提若

何行若不行

復次善現諸菩薩摩訶薩脩行般若波羅
蜜多時不應觀一切菩薩摩訶薩行若常若无
常不應觀諸佛无上正等菩提若常若无常
不應觀一切菩薩摩訶薩行若樂若苦不應
觀諸佛无上正等菩提若樂若苦不應觀一
切菩薩摩訶薩行若我若无我不應觀諸佛
无上正等菩提若我若无我不應觀一切菩
薩摩訶薩行若淨若不淨不應觀諸佛无上
正等菩提若淨若不淨不應觀一切菩薩摩
訶薩行若空若不空不應觀諸佛无上正等
菩提若空若不空不應觀一切菩薩摩訶薩
行若有相若无相不應觀諸佛无上正等菩
提若有相若无相不應觀一切菩薩摩訶薩

提若有相若无相不應觀一切菩薩摩訶薩
行若有願若无願不應觀諸佛无上正等菩
提若有願若无願不應觀一切菩薩摩訶薩
行若寂靜若不寂靜不應觀諸佛无上正等
菩提若寂靜若不寂靜不應觀一切菩薩摩
訶薩行若遠離若不遠離不應觀諸佛无上
正等菩提若遠離若不遠離不應觀一切菩
薩摩訶薩行若有為若无為不應觀諸佛无
上正等菩提若有為若无為不應觀一切菩
薩摩訶薩行若有漏若无漏不應觀諸佛无
上正等菩提若有漏若无漏不應觀一切菩
薩摩訶薩行若生若滅不應觀諸佛无上正
等菩提若生若滅不應觀一切菩薩摩訶薩
行若善若非善不應觀諸佛无上正等菩提

有罪若无罪不應觀一切菩薩摩訶薩行若
有煩惱若无煩惱不應觀諸佛无上正等菩
提若有煩惱若无煩惱不應觀一切菩薩摩
訶薩行若世間若出世間不應觀諸佛无上
正等菩提若世間若出世間不應觀一切菩
薩摩訶薩行若雜染若清淨不應觀諸佛无
上正等菩提若雜染若清淨不應觀一切菩
薩摩訶薩行若屬生死若屬涅槃不應觀諸
佛无上正等菩提若屬生死若屬涅槃不應
觀一切菩薩摩訶薩行若在內若在外若在
兩間不應觀諸佛无上正等菩提若在內若
在外若在兩間不應觀一切菩薩摩訶薩行
若可得若不可得不應觀諸佛无上正等菩

BD00854　大般若波羅蜜多經卷一三

若可得若不可得不應觀諸佛无上正等菩
提若可得若不可得
復次善現諸菩薩摩訶薩脩行般若波羅蜜
多時若菩薩摩訶薩若般若波羅蜜多若此
二名俱不見在有為界中亦不見在无為界中
何以故善現諸菩薩摩訶薩脩行般若波羅
蜜多時於一切法不起分別无異分別善
現是菩薩摩訶薩脩行般若波羅蜜多時於
一切法住无分別能脩布施波羅蜜多亦能
脩淨戒安忍精進靜慮般若波羅蜜多能住
内空亦能住外空内外空空空大空勝義空
有為空无為空畢竟空无際空散空无變異
空本性空自相空共相空一切法空不可得
空无性空自性空无性自性空能住真如亦

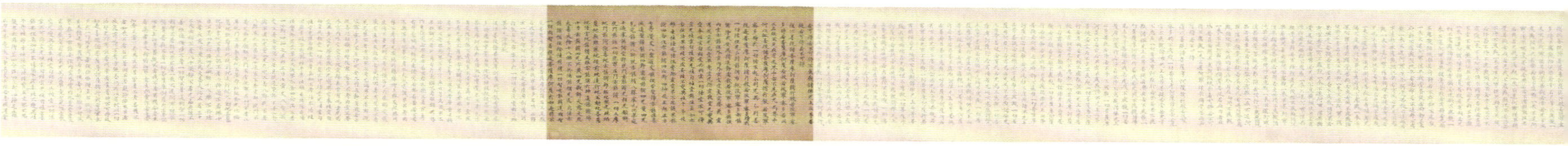

離生性法定法住實際虛空界不思議界能
脩四念住亦能脩四正斷四神足五根五力
七等覺支八聖道支能住苦聖諦亦能住集
滅道聖諦能脩四靜慮亦能脩四无量四无
色定能脩八解脫亦能脩八勝處九次第定
十遍處能脩空解脫門亦能脩无相无願解
脫門能脩一切陁羅尼門亦能脩一切三摩
地門能脩極喜地亦能脩離垢地發光地焰
慧地極難勝地現前地遠行地不動地善慧
地法雲地能脩五眼亦能脩六神通能脩佛
十力亦能脩四无所畏四无礙解大慈大悲
大喜大捨十八佛不共法能脩无忘失法亦
能脩恒住捨性能脩一切智亦能脩道相智
一切相智善現是菩薩摩訶薩於如是時不

一切相智善現是菩薩摩訶薩於如是時不
見菩薩摩訶薩不見菩薩摩訶薩名不見般
若波羅蜜多不見般若波羅蜜多名唯正勤
求一切智智何以故善現是菩薩摩訶薩脩
行般若波羅蜜多於一切法善達實相了知
其中无染淨故
復次善現諸菩薩摩訶薩脩行般若波羅蜜
多時應如實覺名假施設法假施設善現是
菩薩摩訶薩於名法假如實覺已不著色不
著受想行識不著眼處不著耳鼻舌身意處
不著色處不著聲香味觸法處不著眼界不
著耳鼻舌身意界不著色界不著聲香味觸
法界不著眼識界不著耳鼻舌身意識界不
著眼觸不著耳鼻舌身意觸不著眼觸爲緣

不樂不着地界不着水火風空識界不着因
縁不着等无間縁所縁縁增上縁及從縁所
生法不着无明不着行識名色六處觸受愛
取有生老死愁歎苦憂惱不着有為界不着
无為界不着有漏界不着无漏界不着布施
波羅蜜多不着淨戒安忍精進靜慮般若方
便善巧妙願力智波羅蜜多不着內空不着
外空內外空空空大空勝義空有為空无為
空畢竟空无際空散空无變異空本性空自
相空共相空一切法空不可得空无性空自
性空无性自性空不着真如不着法界法性
不虛妄性不變異性平等性離生性法定法
住實際虛空界不思議界不着四念住不着

BD00854　大般若波羅蜜多經卷一三

不虛妄性不變異性平等性離生性法定
住實際虛空界不思議界不著四念住不著
四正斷四神足五根五力七覺支八聖道
支不著苦聖諦不著集滅道聖諦不著四靜
慮不著四无量四无色定不著八解脫不著
八勝處九次第定十遍處不著空解脫門不
著无相无願解脫門不著陁羅尼門不著三
摩地門不著極喜地不著離垢地發光地焰
慧地極難勝地現前地遠行地不動地善慧
地法雲地不著五眼不著六神通不著佛十
力不著四无所畏四无礙解十八佛不共法
不著大慈不著大悲大喜大捨不著三十
二大士相不著八十隨好不著无忘失法不
著恒住捨性不著一切智不著道相智一切
相智不著一切陁羅尼門不著一切三摩地

佛无上正等菩提不著我不著有情命者生
者養者士夫補特伽羅意生儒童作者受者
知者見者不著異生不著聖者不著菩薩不
著如來不著名不著相不著嚴淨佛土不著
成熟有情不著方便善巧所以者何以一切
法皆无所有能著所著著處著時不可得故
如是善現諸菩薩摩訶薩脩行般若波羅蜜
多於一切法无所著故便能增益布施淨戒
安忍精進靜慮般若方便善巧妙願力智波
羅蜜多亦能安住內空外空內外空空空大
空勝義空有為空无為空畢竟空无際空散
空无變異空本性空自相空共相空一切法
空不可得空无性空自性空无性自性空亦

BD00854　大般若波羅蜜多經卷一三

空不可得空无性空自性空无性自性空亦
能安住真如法界法性不虛妄性不變異性
平等性離生性法定法住實際虛空界不思
議界亦能增益四念住四正斷四神足五根
五力七等覺支八聖道支亦住苦集滅道聖
諦亦能增益四靜慮四无量四无色定亦能
增益八解脫八勝處九次第定十遍處亦能
增益空无相无願解脫門亦能趣入菩薩正
性離生亦能安住菩薩不退轉地亦能圓滿
一切陁羅尼門三摩地門亦能圓滿極喜地
離垢地發光地焰慧地極難勝地現前地遠
行地不動地善慧地法雲地亦能圓滿五眼
六神通亦能圓滿佛十力四无所畏四无礙
解十八佛不共法亦能圓滿大慈大悲大喜

能圓滿无忘失法恒住捨性亦得圓滿一切

智道相智一切相智亦得菩薩最勝神通具

神通已從一佛國至一佛國為欲成熟諸有

情故為欲嚴淨自佛土故為見如來應正等

覺及為見已供養恭敬尊重讚歎令諸善根

皆得生長善生長已隨所樂聞諸佛正法皆

得聽受既聽受已乃至安坐妙菩提座證得

无上正等菩提能不忘失普於一切陁羅尼

門三摩地門皆得自在如是善現諸菩薩摩

訶薩脩行般若波羅蜜多應如實覺名假法

假

復次善現所言菩薩摩訶薩者於意云何即

色是菩薩摩訶薩不不也世尊即受想行識

是菩薩摩訶薩不不也世尊異色是菩薩摩

是菩薩摩訶薩不不也世尊異色是菩薩摩
訶薩不不也世尊異受想行識是菩薩摩訶
薩不不也世尊色中有菩薩摩訶薩不不也
世尊受想行識中有菩薩摩訶薩不不也世
尊菩薩摩訶薩中有色不不也世尊菩薩摩
訶薩中有受想行識不不也世尊離色有菩
薩摩訶薩不不也世尊離受想行識有菩薩
摩訶薩不不也世尊復次善現所言菩薩摩
訶薩者於意云何即眼處是菩薩摩訶薩不
不也世尊即耳鼻舌身意處是菩薩摩訶薩
不不也世尊異眼處是菩薩摩訶薩不不也
世尊異耳鼻舌身意處是菩薩摩訶薩不
不也世尊眼處中有菩薩摩訶薩不不也世
尊耳鼻舌身意處中有菩薩摩訶薩不不也

世尊菩薩摩訶薩中有眼處不不也世尊菩
薩摩訶薩中有耳鼻舌身意處不不也世尊
離眼處有菩薩摩訶薩不不也世尊離耳鼻
舌身意處有菩薩摩訶薩不不也世尊復次
善現所言菩薩摩訶薩者於意云何即色處
是菩薩摩訶薩不不也世尊即聲香味觸法
處是菩薩摩訶薩不不也世尊異色處是菩
薩摩訶薩不不也世尊異聲香味觸法處是
菩薩摩訶薩不不也世尊色處中有菩薩摩
訶薩不不也世尊聲香味觸法處中有菩薩
摩訶薩不不也世尊菩薩摩訶薩中有色處
不不也世尊菩薩摩訶薩中有聲香味觸法
處不不也世尊離色處有菩薩摩訶薩不不
也世尊離聲香味觸法處有菩薩摩訶薩不

也世尊離聲香味觸法處有菩薩摩訶薩不
不也世尊復次善現所言菩薩摩訶薩者於
意云何即眼界是菩薩摩訶薩不不也世尊
即耳鼻舌身意界是菩薩摩訶薩不不也世
尊異眼界是菩薩摩訶薩不不也世尊異耳
鼻舌身意界是菩薩摩訶薩不不也世尊眼
界中有菩薩摩訶薩不不也世尊耳鼻舌身
意界中有菩薩摩訶薩不不也世尊菩薩摩
訶薩中有眼界不不也世尊菩薩摩訶薩中
有耳鼻舌身意界不不也世尊離眼界有菩
薩摩訶薩不不也世尊離耳鼻舌身意界
有菩薩摩訶薩不不也世尊復次善現所言
菩薩摩訶薩者於意云何即色界是菩薩摩
訶薩不不也世尊即聲香味觸法界是菩薩
薩摩訶薩不不也世尊異色界是菩薩摩訶薩

薩不不也世尊色界中有菩薩摩訶薩不不
也世尊聲香味觸法界中有菩薩摩訶薩不
不也世尊菩薩摩訶薩中有色界不不也世
尊菩薩摩訶薩中有聲香味觸法界不不也
世尊離色界有菩薩摩訶薩不不也世尊離
聲香味觸法界有菩薩摩訶薩不不也世尊
復次善現所言菩薩摩訶薩者於意云何即
眼識界是菩薩摩訶薩不不也世尊即耳鼻
舌身意識界是菩薩摩訶薩不不也世尊異
眼識界是菩薩摩訶薩不不也世尊異耳鼻
舌身意識界是菩薩摩訶薩不不也世尊眼
識界中有菩薩摩訶薩不不也世尊耳鼻舌
身意識界中有菩薩摩訶薩不不也世尊菩薩

身意識界中有菩薩摩訶薩不不也世尊菩薩
摩訶薩中有眼識界不不也世尊菩薩摩訶
薩中有耳鼻舌身意識界不不也世尊離眼
識界有菩薩摩訶薩不不也世尊離耳鼻舌
身意識界有菩薩摩訶薩不不也世尊
復次善現所言菩薩摩訶薩者於意云何即
眼觸是菩薩摩訶薩不不也世尊即耳鼻舌
身意觸是菩薩摩訶薩不不也世尊異眼觸
是菩薩摩訶薩不不也世尊異耳鼻舌身意
觸是菩薩摩訶薩不不也世尊眼觸中有菩
薩摩訶薩不不也世尊耳鼻舌身意觸中有
菩薩摩訶薩不不也世尊菩薩摩訶薩中有
眼觸不不也世尊菩薩摩訶薩中有耳鼻舌
身意觸不不也世尊離眼觸有菩薩摩訶薩
不不也世尊離耳鼻舌身意觸有菩薩摩訶

者於意云何即眼觸為緣所生諸受是菩薩
摩訶薩不不也世尊即耳鼻舌身意觸為緣
所生諸受是菩薩摩訶薩不不也世尊異眼
觸為緣所生諸受是菩薩摩訶薩不不也世
尊異耳鼻舌身意觸為緣所生諸受是菩
薩摩訶薩不不也世尊眼觸為緣所生諸受中
有菩薩摩訶薩不不也世尊耳鼻舌身意觸
為緣所生諸受中有菩薩摩訶薩不不也世
尊菩薩摩訶薩中有眼觸為緣所生諸受不
不也世尊菩薩摩訶薩中有耳鼻舌身意觸
為緣所生諸受不不也世尊離眼觸為緣所
生諸受有菩薩摩訶薩不不也世尊離耳鼻
舌身意觸為緣所生諸受有菩薩摩訶薩不

舌身意觸為緣所生諸受有菩薩摩訶薩不
不也世尊復次善現所言菩薩摩訶薩者於
意云何即地界是菩薩摩訶薩不不也世尊
即水火風空識界是菩薩摩訶薩不不也世
尊異地界是菩薩摩訶薩不不也世尊異
水火風空識界是菩薩摩訶薩不不也世尊
地界中有菩薩摩訶薩不不也世尊水火風
空識界中有菩薩摩訶薩不不也世尊菩薩
摩訶薩中有地界不不也世尊菩薩摩訶薩
中有水火風空識界不不也世尊離地界有
菩薩摩訶薩不不也世尊離水火風空識界
有菩薩摩訶薩不不也世尊復次善現所言
菩薩摩訶薩者於意云何即因緣是菩薩
摩訶薩不不也世尊即等无間緣所緣緣增上
緣是菩薩摩訶薩不不也世尊異因緣是菩

增上緣是菩薩摩訶薩不不也世尊因緣中
有菩薩摩訶薩不不也世尊菩无間緣所緣
緣增上緣中有菩薩摩訶薩不不也世尊菩
薩摩訶薩中有因緣不不也世尊菩薩摩訶
薩中有菩无間緣所緣緣增上緣不不也世
尊離因緣有菩薩摩訶薩不不也世尊離菩
无間緣所緣緣增上緣有菩薩摩訶薩不不
也世尊復次善現所言菩薩摩訶薩者於意
云何即緣所生法是菩薩摩訶薩不不也世
尊異緣所生法是菩薩摩訶薩不不也世尊
緣所生法中有菩薩摩訶薩不不也世尊菩
薩摩訶薩中有緣所生法不不也世尊離緣
所生法有菩薩摩訶薩不不也世尊

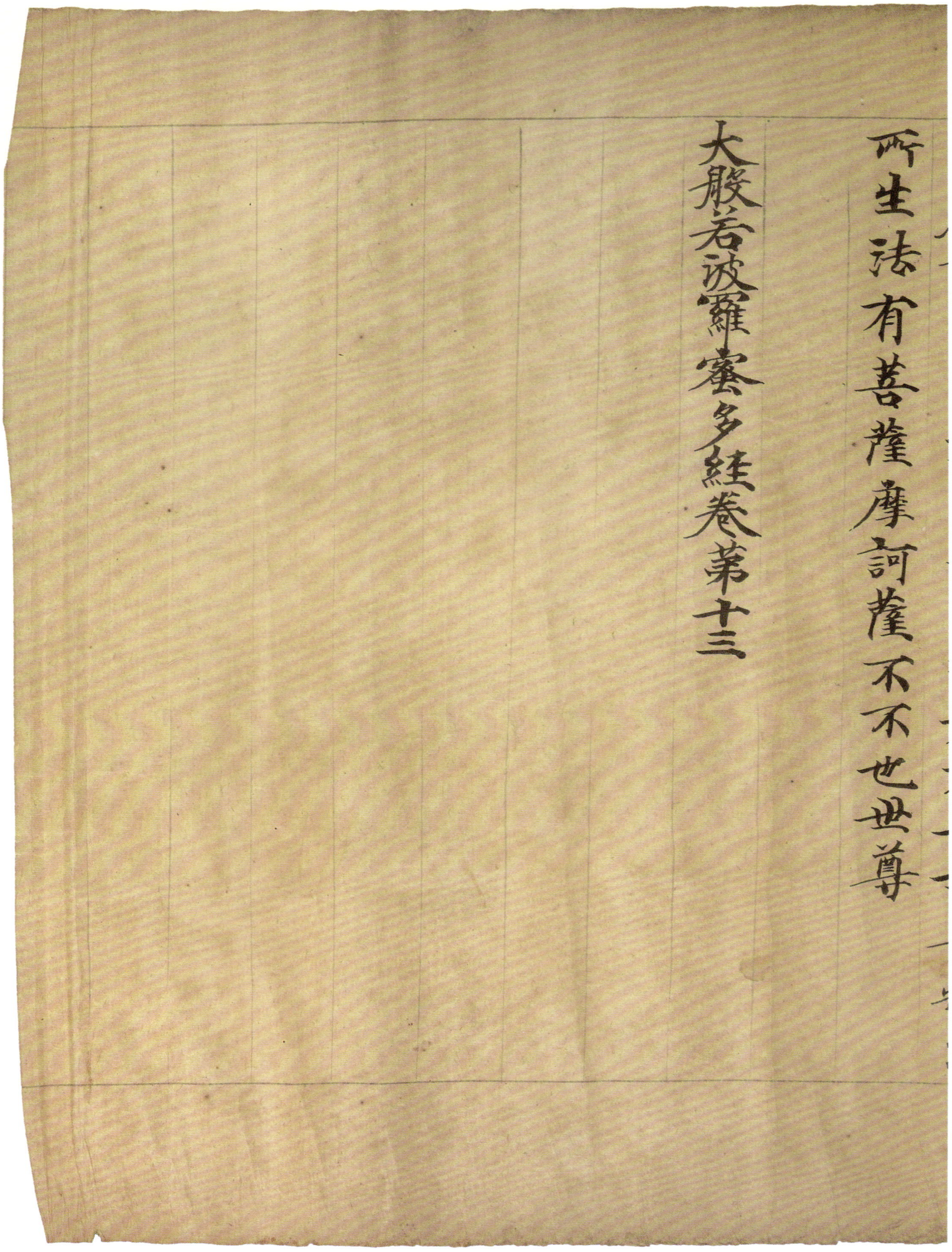
所生法有菩薩摩訶薩不不世世尊
大般若波羅蜜多經卷第十三

BD00854　大般若波羅蜜多經卷一三　（18–18）

BD00855 妙法蓮華經卷一

（後秦）鳩摩羅什 譯

516.2cm × 27.5cm

界王梵天王尸棄大梵光明大梵等與
屬万二千天子俱有八龍王難陁龍王跋難
陁龍王娑伽羅龍王和脩吉龍王徳叉迦龍
王阿那婆達多龍王摩那斯龍王優鉢羅龍
王等各與若干百千眷屬俱有四緊那羅王
法緊那羅王妙法緊那羅王大法緊那羅王
持法緊那羅王各與若干百千眷屬俱有四
乾闥婆王樂乾闥婆王樂音乾闥婆王美乾
闥婆王美音乾闥婆王各與若干百千眷屬
俱有四阿脩羅王婆稚阿脩羅王佉羅騫大
阿脩羅王毗摩質多羅阿脩羅王羅睺阿脩
羅王各與若干百千眷屬俱有四迦樓羅王
大威徳迦樓羅王大身迦樓羅王大滿迦樓
羅王如意迦樓羅王各與若干百千眷屬

韋提希子阿闍世王與若干百千眷屬俱各
禮佛足退坐一面尒時世尊四衆圍繞供養
恭敬尊重讚歎爲諸菩薩説大乘經名无
量義教菩薩法佛所護念佛説此經已結跏趺
坐入於无量義處三昧身心不動是時天雨
曼陁羅華摩訶曼陁羅華曼殊沙華摩訶曼
殊沙華而散佛上及諸大衆普佛世界六種
震動尒時會中比丘比丘尼優婆塞優婆夷
天龍夜叉乾闥婆阿脩羅迦樓羅緊那羅摩
睺羅伽人非人及諸小王轉輪聖王是諸大
衆得未曾有歡喜合掌一心觀佛尒時佛放
眉間白毫相光照東方万八千世界靡不周
遍下至阿鼻地獄上至阿迦尼吒天於此世
界盡見彼土六趣衆生又見彼土現在諸佛

界盡見彼土六趣衆生又見彼土現在諸佛
及聞諸佛所說經法并見彼諸比丘比丘尼
優婆塞優婆夷諸脩行得道者復見諸菩
薩摩訶薩種種因緣種種信解種種相貌行
菩薩道復見諸佛般涅槃者復見諸佛般涅
槃後以佛舍利起七寶塔尒時弥勒菩薩作是
念今者世尊現神變相以何因緣而有此瑞
今佛世尊入于三昧是不可思議現希有事
當以問誰誰能荅者復作此念是文殊師利
法王之子已曾親近供養過去无量諸佛必
應見此希有之相我今當問尒時比丘比丘尼
優婆塞優婆夷及諸天龍鬼神等咸作此
念是佛光明神通之相今當問誰尒時弥勒

塞優婆夷及諸天龍鬼神等衆會之心而問
文殊師利言以何因緣而有此瑞神通之相
放大光明照于東方万八千土悉見彼佛國
界莊嚴於是弥勒菩薩欲重宣此義以偈問
曰
文殊師利　導師何故　眉間白豪　大光普照
雨曼陁羅　曼殊沙華　栴檀香風　悅可衆心
以是因緣　地皆嚴淨　而此世界　六種震動
時四部衆　咸皆歡喜　身意快然　得未曾有
眉間光明　照于東方　万八千土　皆如金色
從阿鼻獄　上至有頂　諸世界中　六道衆生
生死所趣　善惡業緣　受報好醜　於此悉見
又覩諸佛　聖主師子　演說經典　微妙第一
其聲清淨　出柔軟音　教諸菩薩　无數億万

其聲清淨　出柔軟音　教諸菩薩　无數億万
梵音深妙　令人樂聞　各於世界　講說正法
種種因緣　以无量喻　照明佛法　開悟衆生
若人遭苦　猒老病死　為說涅槃　盡諸苦際
若人有福　曾供養佛　志求勝法　為說緣覺
若有佛子　脩種種行　求无上慧　為說淨道
文殊師利　我住於此　見聞若斯　及千億事
如是衆多　今當略說　我見彼土　恒沙菩薩
種種因緣　而求佛道　或有行施　金銀珊瑚
真珠摩尼　車璖馬瑙　金剛諸珍　奴婢車乘
寶飾輦轝　歡喜布施　迴向佛道　願得是乘
三界第一　諸佛所歎　或有菩薩　駟馬寶車
欄楯華蓋　軒飾布施　復見菩薩　身肉手足

欣樂施與　求佛智慧　文殊師利　我見諸王
往詣佛所　問无上道　便捨樂土　宮殿臣妾
剃除鬚髮　而被法服　或見菩薩　而作比丘
獨處閑靜　樂誦經典　又見菩薩　勇猛精進
入於深山　思惟佛道　又見離欲　常處空閑
深脩禪定　得五神通　又見菩薩　安禪合掌
以千万偈　讚諸法王　復見菩薩　智深志固
能問諸佛　聞悉受持　又見佛子　定慧具足
以无量喻　為眾講法　欣樂說法　化諸菩薩
破魔兵眾　而擊法鼓　又見菩薩　寂然宴嘿
天龍恭敬　不以為喜　又見菩薩　處林放光
濟地獄苦　令入佛道　又見佛子　未嘗睡眠
經行林中　勤求佛道　又見具戒　威儀无缺
淨如寶珠　以求佛道　又見佛子　住忍辱力

淨如寶珠　以求佛道　又見佛子　住忍辱力
增上慢人　惡罵捶打　皆悉能忍　以求佛道
又見菩薩　離諸戲笑　及癡眷屬　親近智者
一心除亂　攝念山林　億千万歲　以求佛道
或見菩薩　餚饍飲食　百種湯藥　施佛及僧
名衣上服　價直千万　或无價衣　施佛及僧
千万億種　栴檀寶舍　衆妙臥具　施佛及僧
清淨園林　華菓茂盛　流泉浴池　施佛及僧
如是等施　種種微妙　歡喜无猒　求无上道
或有菩薩　說寂滅法　種種教詔　无數衆生
或見菩薩　觀諸法性　无有二相　猶如虛空
又見佛子　心无所著　以此妙慧　求无上道
文殊師利　又有菩薩　佛滅度後　供

寶塔高妙　五千由旬　縱廣正等　二千由旬
一一塔廟　各千幢幡　珠交露幔　寶鈴和鳴
諸天龍神　人及非人　香華伎樂　常以供養
文殊師利　諸佛子等　為供舍利　嚴飾塔廟
國界自然　殊特妙好　如天樹王　其華開敷
佛放一光　我及衆會　見此國界　種種殊妙
諸佛神力　智慧希有　放一淨光　照无量國
我等見此　得未曾有　佛子文殊　願決衆疑
四衆欣仰　瞻仁及我　世尊何故　放斯光明
佛子時答　決疑令喜　何所饒益　演斯光明
佛坐道場　所得妙法　為欲說此　為當授記
示諸佛土　衆寶嚴淨　及見諸佛　此非小緣
文殊當知　四衆龍神　瞻察仁者　為說何等
尒時文殊師利語彌勒菩薩摩訶薩及諸大

尒時文殊師利語弥勒菩薩摩訶薩及諸大
士善男子等如我惟忖今佛世尊欲說大法
雨大法雨吹大法螺擊大法鼓演大法義諸
善男子我於過去諸佛曾見此瑞放斯光已
即說大法是故當知今佛現光亦復如是欲
令衆生咸得聞知一切世間難信之法故現
斯瑞諸善男子如過去无量无邊不可思議
阿僧祇劫尒時有佛号日月燈明如來應供
正遍知明行足善逝世間解无上士調御丈
夫天人師佛世尊演說正法初善中善後善
其義深遠其語巧妙純一无雜具足清白梵
行之相為求聲聞者說應四諦法度生老病
死究竟涅槃為求辟支佛者說應十二因緣

三藐三菩提成一切種智次復有佛亦名日月
燈明次復有佛亦名日月燈明如是二万佛
皆同一字号日月燈明又同一姓頗羅墮
弥勒當知初佛後佛皆同一字名日月燈
明十号具足所可說法初中後善其最後佛
未出家時有八子一名有意二名善意三名
无量意四名寶意五名增意六名除疑意
七名響意八名法意是八王子威德自在各領
四天下是諸王子聞父出家得阿耨多羅三
藐三菩提悉捨王位亦隨出家發大乘意常
脩梵行皆為法師已於千万佛所殖諸善本
是時日月燈明佛說大乘經名无量義教菩
薩法佛所護念說是經已即於大衆中結跏
趺坐入於无量義處三昧身心不動是時天

趺坐入於无量義處三昧身心不動是時天
雨曼陁羅華摩訶曼陁羅華曼殊沙華摩
訶曼殊沙華而散佛上及諸大衆普佛世界
六種震動尒時會中比丘比丘尼優婆塞優
婆夷天龍夜叉乾闥婆阿脩羅迦樓羅緊那
羅摩睺羅伽人非人及諸小王轉輪聖王等是
諸大衆得未曾有歡喜合掌一心觀佛尒時
如來放眉間白豪相光照東方万八千佛土
靡不周遍如今所見是諸佛土弥勒當知尒
時會中有二十億菩薩樂欲聽法是諸菩薩
見此光明普照佛土得未曾有欲知此光所
為因緣時有菩薩名曰妙光有八百弟子是
時日月燈明佛從三昧起因妙光菩薩說大
乘經名妙法蓮華教菩薩法佛所護念六

小劫不起于座時會聽者亦坐一處六十小
劫身心不動聽佛所說謂如食頃是時衆中
无有一人若身若心而生懈惓日月燈明佛
於六十小劫說是經已即於梵魔沙門婆羅
門及天人阿脩羅衆中而宣此言如来於今
日中夜當入无餘涅槃時有菩薩名曰德藏
日月燈明佛即授其記告諸比丘是德藏菩
薩次當作佛号曰淨身多陁阿伽度阿羅訶
三藐三佛陁佛授記已便於中夜入无餘涅
槃佛滅度後妙光菩薩持妙法蓮華經滿八
十小劫為人演說日月燈明佛八子皆師妙
光妙光教化令其堅固阿耨多羅三藐三菩
提是諸王子供養无量百千万億佛已皆成
佛道其冣後成佛者名曰燃燈八百弟子中

佛道其實後成佛者名日燃燈八百弟子中
有一人号日求名貪著利養雖復讀誦衆
經而不通利多所忘失故号求名是人亦以種諸
善根因緣故得值无量百千万億諸佛供養
恭敬尊重讚歎彌勒當知尒時妙光菩薩
豈異人乎我身是也求名菩薩汝身是也今
見此瑞與本无異是故惟忖今日如來當說
大乘經名妙法蓮華教菩薩法佛所護念尒
時文殊師利於大衆中欲重宣此義而說偈
言
我念過去世　无量无數劫　有佛人中尊　号日月燈明
世尊演說法　度无量衆生　无數億菩薩　令入佛智慧
佛未出家時　所生八王子　見大聖出家　亦隨脩梵行
時佛說大乘　經名无量義　於諸大衆中　而為廣分別

天雨曼陀華　天鼓自然鳴　諸天龍鬼神　供養人中尊
一切諸佛土　即時大震動　佛放眉間光　現諸希有事
此光照東方　万八千佛土　示一切眾生　生死業報處
有見諸佛土　以眾寶莊嚴　瑠璃頗梨色　斯由佛光照
及見諸天人　龍神夜叉眾　乾闥緊那羅　各供養其佛
又見諸如來　自然成佛道　身色如金山　端嚴甚微妙
如淨瑠璃中　內現真金像　世尊在大眾　敷演深法義
一一諸佛土　聲聞眾无數　因佛光所照　悉見彼大眾
或有諸比丘　在於山林中　精進持淨戒　猶如護明珠
又見諸菩薩　行施忍辱等　其數如恒沙　斯由佛光照
又見諸菩薩　深入諸禪定　身心寂不動　以求无上道
又見諸菩薩　知法寂滅相　各於其國土　說法求佛道
尒時四部眾　見日月燈佛　現大神通力　其心皆歡喜

尒時四部衆　見日月燈佛　現大神通力　其心皆歡喜
各各自相問　是事何因緣　天人所奉尊　適從三昧起
讚妙光菩薩　汝為世間眼　一切所歸信　能奉持法藏
如我所說法　唯汝能證知　世尊既讚歎　令妙光歡喜
說是法華經　滿六十小劫　不起於此座　所說上妙法
是妙光法師　悉皆能受持　佛說是法華　令衆歡喜已
尋即於是日　告於天人衆　諸法實相義　已為汝等說
我今於中夜　當入於涅槃　汝一心精進　當離於放逸
諸佛甚難值　億劫時一遇　世尊諸子等　聞佛入涅槃
各各懷悲惱　佛滅一何速　聖主法之王　安慰无量衆
我若滅度時　汝等勿憂怖　是德藏菩薩　於无漏實相
心已得通達　其次當作佛　號曰為淨身　亦度无量衆
佛此夜滅度　如薪盡火滅　分布諸舍利　而起无量塔
比丘比丘尼　其數如恒沙　倍復加精進　以求无上道

是諸八王子　妙光所開化　堅固无上道　當見无數佛
供養諸佛已　隨順行大道　相繼得成佛　轉次而授記
最後天中天　号曰燃燈佛　諸仙之導師　度脫无量衆
是妙光法師　時有一弟子　心常懷懈怠　貪著於名利
求名利无猒　多遊族姓家　棄捨所習誦　廢忘不通利
以是因緣故　号之為求名　亦行衆善業　得見无數佛
供養於諸佛　隨順行大道　具六波羅蜜　今見釋師子
其後當作佛　号曰名彌勒　廣度諸衆生　其數无有量
彼佛滅度後　懈怠者汝是　妙光法師者　今則我身是
我見燈明佛　本光瑞如此　以是知今佛　欲說法華經
今相如本瑞　是諸佛方便　今佛放光明　助發實相義
諸人今當知　合掌一心待　佛當雨法雨　充足求道者
諸求三乘人　若有疑悔者　佛當為除斷　令盡无有餘

諸求三乘人　若有疑悔者　佛當為除斷　令盡无有餘

妙法蓮華經方便品第二

尒時世尊從三昧安詳而起告舍利佛諸佛
智慧甚深无量其智慧門難入一切聲
聞辟支佛所不能知所以者何佛曾親近百
千万億无數諸佛盡行諸佛无量道法勇猛
精進名稱普聞成就甚深未曾有有法隨宜所
說意趣難解舍利弗吾從成佛已來種種因
緣種種辟喻廣演言教无數方便引導衆生
令離諸著所以者何如來方便知見波羅蜜
皆已具足舍利弗如來知見廣大深遠无量
无礙力无所畏禪定解脫三昧深入无際成
就一切未曾有法舍利弗如來能種種分別
巧說諸法言辭柔軟悅可衆心舍利

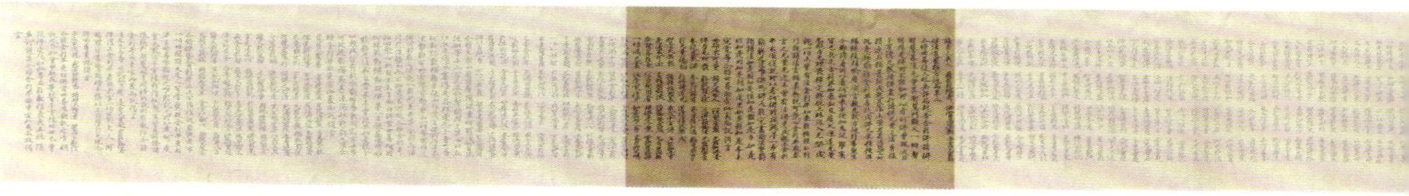

言之无量无邊未曾有法佛悉成就止舍利
弗不須復說所以者何佛所成就第一希有
難解之法唯佛與佛乃能究盡諸法實相
謂諸法如是相如是性如是體如是力如是
作如是因如是緣如是果如是報如是本末
究竟等尒時世尊欲宣此義而說偈言
世雄不可量　諸天及世人　一切眾生類　无能知佛者
佛力无所畏　解脫諸三昧　及佛諸餘法　无能測量者
本從无數佛　具足行諸道　甚深微妙法　難見難可了
於无量億劫　行此諸道已　道場得成果　成
如是大果報　種種性相義　我及十方佛　乃能知是事
是法不可示　言辭相寂滅　諸餘眾生類　无有能得解
除諸菩薩眾　信力堅固者　諸佛弟子眾　曾供養諸佛
一切漏已盡　住是最後身　如是諸人等　其力所不堪

一切漏已盡　住是最後身　如是諸人等　其力所不堪
假使滿世間　皆如舍利弗　盡思共度量　不能測佛智
正使滿十方　皆如舍利弗　及餘諸弟子　亦滿十方刹
盡思共度量　亦復不能知　辟支佛利智　无漏最後身
亦滿十方界　其數如竹林　斯等共一心　於億无量劫
欲思佛實智　莫能知少分　新發意菩薩　供養无數佛
了達諸義趣　又能善說法　如稻麻竹葦　充滿十方刹
一心以妙智　於恒河沙劫　咸皆共思量　不能知佛智
不退諸菩薩　其數如恒沙　一心共思求　亦復不能知
又告舍利弗　无漏不思議　甚深微妙法　我今已具得
唯我知是相　十方佛亦然　舍利弗當知　諸佛語无異
於佛所說法　當生大信力　世尊法久後　要當說真實
告諸聲聞衆　及求緣覺乘　我令脫苦縛　逮得涅槃者
佛以方便力　示以三乘教　衆生處處著　引之令得出

尒時大衆中有諸聲聞漏盡阿羅漢阿若憍
陳如等千二百人及發聲聞辟支佛心比丘
比丘尼優婆塞優婆夷各作是念今者世尊
何故慇勤稱勤方便而作是言佛所得法甚
深難解有所言說意趣難知一切聲聞辟支
佛所不能及佛說一解脫義我等亦得此法
到於涅槃而今不知是義所趣尒時舍利弗
知四衆心疑自亦未了而白佛言世尊何因
何緣慇勤稱歎諸佛第一方便甚深微妙
難解之法我自昔来未曾從弗如是說今
四衆咸皆有疑唯願世尊敷演斯事世尊
何故慇勤稱歎甚深微妙難解之法尒
時舍利弗欲重宣此義而說偈言
慧日大聖尊　久乃說是法　自說得如是　力无畏三昧

慧日大聖尊　久乃說是法　自說得如是　力无畏三昧
禪定解脫等　不可思議法　道場所得法　无能發問者
我意難可測　亦无能問者　无問而自說　稱歎所行道
智慧甚微妙　諸佛之所得　无漏諸羅漢　及求涅槃者
今皆墮疑網　佛何故說是　其求緣覺者　比丘比丘尼
諸天龍鬼神　及乾闥婆等　相視懷猶豫　瞻仰兩足尊
是事為云何　願佛為解說　於諸聲聞衆　佛說我第一
我今自於智　疑惑不能了　為是究竟法　為是所行道
佛口所生子　合掌瞻仰待　願出微妙音　時為如實說
諸天龍神等　其數如恒沙　求佛諸菩薩　大數有八万
又諸方億國　轉輪聖王至　合掌以敬心　欲聞具足道
尒時佛告舍利弗止止不須復說若說是事
一切世間諸天及人皆當驚疑舍利弗重白

會无數百千万億阿僧祇衆生曾見諸佛諸
根猛利智慧明了聞佛所說則能敬信尒時
舍利弗欲重宣此義而說偈言
法王无上尊　唯說願勿慮　是會无量衆　有能敬信者
佛復止舍利弗若說是事一切世間天人阿
脩羅皆當驚疑增上慢比丘將墜於大坑尒
時世尊重說偈言
止止不須說　我法妙難思　諸增上慢者　聞必不敬信
尒時舍利弗重白佛言世尊唯願說之唯願
說之今此會中如我等比百千万億世世已曾
從佛受化如此等必能敬信長夜安隱
多所饒益尒時舍利弗欲重宣此義而說偈
言

BD00856

維摩詰所說經卷中

（後秦）鳩摩羅什 譯

109.5cm × 26cm

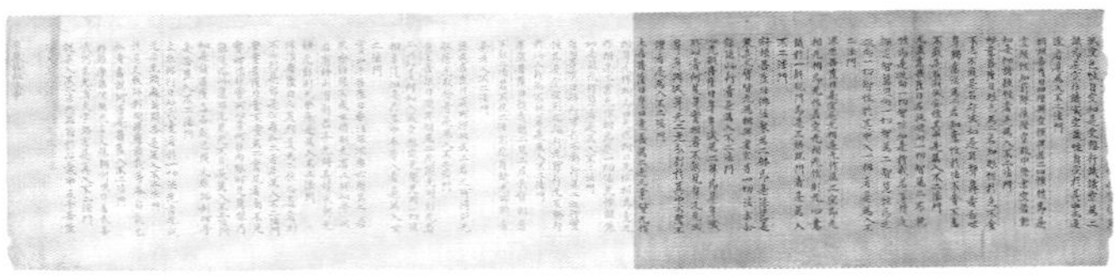

滅空色性自空如是受想行識識空為二
識即是空非識滅空識性自空於其中而通
達者是為入不二法門
明相菩薩曰四種異空種異為二四種性即是
空種性如前際後際空故中際亦空若能
如是知諸種性者是為入不二法門
妙意菩薩曰眼色為二若知眼性於色不貪
不恚不癡是名寂滅如是耳聲鼻香舌味
身觸意法為二若知意性於法不貪不恚
不癡是名寂滅安住其中是為入不二法門
无盡意菩薩曰布施迴向一切智為二布施
性即是迴向一切智性如是持戒忍辱精進
禪定智慧迴向一切智為二智慧性即

近所一切知性於其中入一相者是為入不
二法門
深慧菩薩曰是空是无相是无作為二空即无
相无相即无作若空无相无作則无心意
識於一解脫門即是三解脫門者是為入
不二法門
寂根菩薩曰佛法衆為二佛即是法法即是
衆是三寶皆无為相與虛空等一切法亦尒
能隨此行者是為入不二法門
心无閡菩薩曰身身滅為二身即是身滅
所以者何見身實相者不起見身及見滅
身身與滅身无二无分別於其中不驚不
懼者是為入不二法門
上善菩薩曰身口意善為二是三業皆无作
相身无作相即口无作相口无作相即意无作相

上善菩薩曰身口意善為二是三業皆无作相身无作相即口无作相口无作相即意无作相是三業无作相即是一切法无作相能如是隨无作慧者是為入不二法門

福田菩薩曰福行罪行不動行為二三行實性即是空空則无福行无罪行无不動行於此三行而不起者是為入不二法門

華嚴菩薩曰從我起二為二見我實相者不起二法若不住二法則无有識无所識者是為入不二法門

德藏菩薩曰有所得相為二若无所得則无取捨无取捨者是為入不二法門

月上菩薩曰闇與明為二无闇无明則无有

二法門
寶印手菩薩曰樂涅槃不樂世間為二若
不樂涅槃不厭世間則无有二所以者何
若有縛則有解若本无縛其誰求解无
縛无解則无樂厭是為入不二法門
珠頂菩薩曰正道邪道為二住正道者則
不分別是邪是正離此二者是為入不二法門
樂實菩薩曰實不實為二實見者尚不見
實何況非實所以者何非肉眼所見慧眼乃
能見而此慧眼无見无不見是為入不二法門
如是諸菩薩各各說已問文殊師利何等
是菩薩入不二法門
文殊師利曰如我意者於一切法无言无說

文殊師利曰如我意者於一切法无言无說
无示无識離諸問荅是為入不二法門
於是文殊師利問維摩詰我等各自說已
仁者當說何等是菩薩入不二法門
時維摩詰嘿然无言文殊師利嘆曰善哉善
哉乃至无有文字語言是真入不二法門
說是入不二法門品時於此衆中五千菩薩
皆入不二法門得无生法忍

維摩詰經卷中

BD00857 大般若波羅蜜多經卷四一七

（唐）玄奘 譯

454.5cm × 26cm

還向阿羅漢果獨覺菩提一切菩薩摩訶薩行
諸佛无上正等菩提亦无所有不可得故乘
大乘者亦不可得所以者何畢竟淨故善現
一切智无所有不可得故乘大乘者亦不可
得所以者何畢竟淨故道相智一切相智亦
无所有不可得故乘大乘者亦不可得所以
者何畢竟淨故善現无生无滅无染无淨无
相无為无所有不可得故乘大乘者亦不可
得所以者何畢竟淨故善現前後中際无所
有不可得故乘大乘者亦不可得所以者何
畢竟淨故善現若往來无所有不可得故
乘大乘者亦不可得所以者何畢竟淨故善
現若行若住无所有不可得故乘大乘者亦
不可得所以者何畢竟淨故善現若死若生

得故乘大乘者亦不可得所以者何畢竟淨
故復次善現此中何法不可得故說不可得
善現此中法界不可得故說不可得真如實
際不思議界安隱界等亦不可得故說不可
得所以者何以法界等非已可得非當可得
非現可得畢竟淨故善現布施波羅蜜多
不可得故說不可得淨戒乃至般若波羅蜜
多亦不可得故說不可得所以者何以布施波
羅蜜多等非已可得非當可得非現可得畢
竟淨故善現內空不可得故說不可得外空
乃至无性自性空亦不可得故說不可得所
以者何以內空等非已可得非當可得非現
可得畢竟淨故善現四念住不可得故說不
可得四正斷乃至八聖道支亦不可得故說不
可得所以者何以四念住等非已可得非當

可得四正斷乃至八聖道支亦不可得故說不
可得所以者何以四念住住等非已可得非當
可得非現可得畢竟淨故善現乃至佛十力
不可得故說不可得四无所畏乃至十八佛
不共法亦不可得故說不可得所以者何以
佛十力等非已可得非當可得非現可得畢
竟淨故善現預流者不可得故說不可得一
來乃至如來亦不可得故說不可得所以者
何以預流者等非已可得非當可得非現可
得畢竟淨故善現預流果不可得故說不可
得一來果乃至諸佛无上正等菩提亦不可
得故說不可得所以者何以預流果等非已
可得非當可得非現可得畢竟淨故善現无
生无滅无染无淨无相无爲不可得故說不
可得所以者何以无生等非已可得非當可

得所以者何以初地等非已可得非當可得
非現可得畢竟淨故善現此中云何十地謂
淨觀地種姓地第八地具見地薄地離欲地
已辦地獨覺地菩薩地如來地是爲十地善
現內空中初地不可得故說不可得乃至无
性自性空中初地不可得故說不可得內空
中第二地乃至第十地不可得故說不可得
乃至无性自性空中第二地乃至第十地不
可得故說不可得所以者何以於此中初地
等非已可得非當可得非現可得畢竟淨故
善現內空中成熟有情不可得故說不可得
乃至无性自性空中成熟有情不可得故說
不可得所以者何以於此中成熟有情非已
可得非當可得非現可得畢竟淨故善現內
空中嚴淨佛土不可得故說不可得乃至

BD00857　大般若波羅蜜多經卷四一七

可得非當可得非現可得畢竟淨故善現內
空中嚴淨佛土不可得故說不可得乃至无
性自性空中嚴淨佛土不可得故說不可得
所以者何以於此中嚴淨佛土非已可得非
當可得非現可得畢竟淨故善現內空中五
眼不可得故說不可得乃至无性自性空中
五眼不可得故說不可得所以者何以於此
中五眼非已可得非當可得非現可得畢竟
淨故如是善現諸菩薩摩訶薩脩行般若
波羅蜜多時雖觀諸法皆无所有都不可得
畢竟淨故无乘大乘而出住者然无所得爲
方便乘於大乘從三界生死中出至一切智
智中住窮未來際利樂有情

第二分超勝品第二十

爾時具壽善現白佛言世尊言大乘大乘者

普能容受无量无數无邊有性大乘亦尒
善能容无量无數无邊有情世尊由此緣故
菩薩摩訶薩大乘即是一切智智乘世尊
又如虛空无來无去无住可見大乘亦尒无來
无去无住可見无動无住故名大乘世尊又
如虛空前後中際皆不可得大乘亦尒前後
中際皆不可得三世平等超出三世故名大
乘佛告善現如是如是如汝所說善現諸菩
薩摩訶薩大乘者謂六波羅蜜多即是布施
淨戒安忍精進靜慮般若波羅蜜多復次善
現諸菩薩摩訶薩大乘者謂内空乃至无
性自性空復次善現諸菩薩摩訶薩大乘者
謂一切陁羅尼門一切三摩地門及諸三摩地
即是健行三摩地乃至无染著如虛空三摩

即是健行三摩地乃至无染著如虚空三摩
地復次善現諸菩薩摩訶薩大乘者謂四
念住乃至十八佛不共法善現如是等无量
无數无邊功德當知皆是菩薩摩訶薩大
乘復次善現汝說大乘超勝一切世間天人阿
素洛等最尊最勝最上最妙者如是如是如
汝所說善現此中何等說名一切世間天人
阿素洛等所謂欲界色无色界善現若欲
界是真如非虛妄无變異不顛倒是實是
諦如所有性一切常恒无變无易有實性者則
此大乘非尊非勝非上非妙不能超勝一切世
間天人阿素洛等善現以欲界是所計是假
合有遷動乃至一切无常无恒有變有易都
无實性故此大乘是尊是勝是上是妙超勝
一切世間天人阿素洛等善現若色无色界

天乘非尊非勝非上非妙不能超勝一切世
間天人阿素洛等善現以色无色界是所計
是假合有搖動乃至一切无常无恒有變
有易都无實性故此大乘是尊是勝是上是
妙超勝一切世間天人阿素洛等復次善現
若色是真如非虛妄无變異不顛倒是實
是諦如所有性一切常恒无變无易有實性
者則此大乘非尊非勝非上非妙不能超勝一
切世間天人阿素洛等善現以色是所計是
假合有搖動乃至一切无常无恒有變有易
都无實性故此大乘是尊是勝是上是妙超勝
一切世間天人阿素洛等復次善現若受想行
識是真如非虛妄无變異不顛倒是實是諦
如所有性一切常恒无變无易有實性者則
此大乘非尊非勝非上非妙不能超勝一切

BD00857　大般若波羅蜜多經卷四一七

此大乘非尊非勝非上非非妙不能超勝一切
世間天人阿素洛等善現以受想行識是所
計是假合有遷動乃至一切无常无恒有變
有易都无實性故此大乘是尊是勝是上是
妙超勝一切世間天人阿素洛等復次善現
若眼處是真如非虛妄无變異不顛倒是實
是諦如所有性一切常恒无變无易有實性者
則此大乘非尊非勝非上非妙不能超勝一
切世間天人阿素洛等善現以眼處是所計
是假合有遷動乃至一切无常無恒有變有
易都无實性故此大乘是尊是勝是上是妙
超勝一切世間天人阿素洛等善現若耳鼻
舌身意處是真如非虛妄无變異不顛倒是
實是諦如所有性一切常恒无變无易有實

身意處是所計是假合有遷動乃至一切無
常無恒有變有易都無實性故此大乘是
尊是勝是上是妙超勝一切世間天人阿素洛
等復次善現若色處是真如非虛妄无變異
不顛倒是實是諦如所有性一切常恒无變
無易有實性者則此大乘非尊非勝非上非
妙不能超勝一切世間天人阿素洛等善現
以色處是所計是假合有遷動乃至一切無
常無恒有變有易都無實性故此大乘是尊
是勝是上是妙超勝一切世間天人阿素洛
等善現若聲香味觸法處是真如非虛妄無
變異不顛倒是實是諦如所有性一切常恒
无變无易有實性者則此大乘非尊非勝非
上非妙不能超勝一切世間天人阿素洛等
善現以聲香味觸法處是所計是假合有遷

BD00857　大般若波羅蜜多經卷四一七

上非妙不能超勝一切世間天人阿素洛等
善現以聲香味觸法處是所計是假合有遷
動乃至一切无常无恒有變有易都無實性
故此大乘是尊是勝是上是妙超勝一切世
間天人阿素洛等復次善現若眼界是真如
非虛妄无變異不倒是實是諦如所有性
一切常恒无變无易有實性者則此大乘非
尊非勝非上非妙不能超勝一切世間天人
阿素洛等善現以眼界是所計是假合有遷
動乃至一切无常无恒有變有易都无實
性故此大乘是尊是勝是上是妙超勝一切世
間天人阿素洛等善現若耳鼻舌身意界是
真如非虛妄无變異不顛倒是實是諦如所
有性一切常恒无變无易有實性者則此大
乘非尊非勝非上非妙不能超勝一切世間

有易都无實性故此大乘是尊是勝是上是
妙超勝一切世間天人阿素洛等復次善現
若色界是真如非虛妄无變異不顛倒是實
是諦如所有性一切常恒无變无易有實性
者則此大乘非尊非勝非上非妙不能超勝
一切世間天人阿素洛等善現以色界是所
計是假合有遷動乃至一切无常无恒有變
有易都无實性故此大乘是尊是勝是上是
妙超勝一切世間天人阿素洛等善現若聲
香味觸法界是真如非虛妄无變異不顛倒
是實是諦如所有性一切常恒无變无易有
實性者則此大乘非尊非勝非上非妙不能
超勝一切世間天人阿素洛等善現以聲香
味觸法界是所計是假合有遷動乃至一切
无常无恒有變有易都无實性故此大乘是

味觸法界是所計是假合有遷動乃至一切
无常无恒有變有易都无實性故此大乘是
尊是勝是上是妙超勝一切世間天人阿素
洛等復次善現若眼識界是真如非虛妄无
變異不顛倒是實是諦如所有性一切常恒
无變无易有實性者則此大乘非尊非勝非
上非妙不能超勝一切世間天人阿素洛等
善現以眼識界是所計是假合有遷動乃至
一切无常无恒有變有易都无實性故此大
乘是尊是勝是上是妙超勝一切世間天人
阿素洛等善現若耳鼻舌身意識界是真如
非虛妄无變異不顛倒是實是諦如所有性
一切常恒无變无易有實性者則此大乘非
尊非勝非上非妙不能超勝一切世間天人阿
素洛等善現以耳鼻舌身意識界是所計

超勝一切世間天人阿素洛等復次善現若
眼觸是真如非虛妄无變異不顛倒是實是
諦如所有性一切常恒无變无易有實性者
則此大乘非尊非勝非上非妙不能超勝一切
世間天人阿素洛等善現以眼觸是所計
是假合有遷動乃至一切无常无恒有變有
易都无實性故此大乘是尊是勝是上是妙
超勝一切世間天人阿素洛等善現若耳鼻
舌身意觸是真如非虛妄无變異不顛倒是
實是諦如所有性一切常恒无變无易有實
性者則此大乘非尊非勝非上非妙不能超
勝一切世間天人阿素洛等善現以耳鼻舌
身意觸是所計是假合有遷動乃至一切无
常无恒有變有易都无實性故此大乘是尊
是勝是上是妙超勝一切世間天人阿素洛

BD00857　大般若波羅蜜多經卷四一七

常无恒有變有易者无實性故此大乘是尊
是勝是上是妙超勝一切世間天人阿素洛
等復次善現若眼觸爲緣所生諸受是真如
非虛妄无變異不顛倒是實是諦如所有性
一切常恒无變无易有實性者則此大乘非
尊非勝非上非妙不能超勝一切世間天人
阿素洛等善現以眼觸爲緣所生諸受是所
計是假合有還動乃至一切无常无恒有變
有易都無實性故此大乘是尊是勝是上是妙
超勝一切世間天人阿素洛等善現若耳鼻
舌身意觸爲緣所生諸受是真如非虛妄
无變異不顛倒是實是諦如所有性一切常
恒无變无易有實性者則此大乘非尊非勝
非上非妙不能超勝一切世間天人阿素洛
等善現以耳鼻舌身意觸爲緣所生諸受
計是假合有還動乃至一切无常无恒

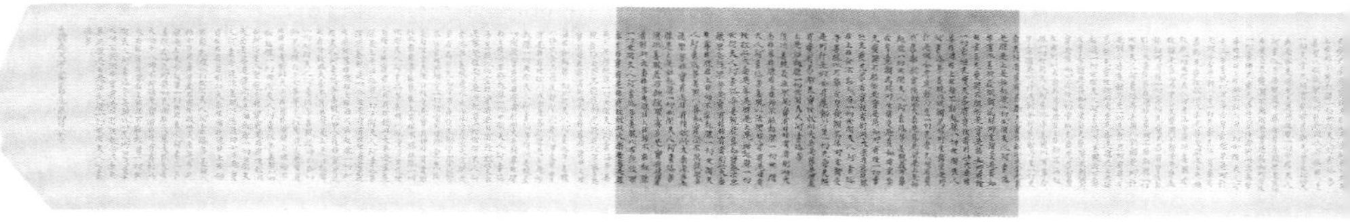

上是妙超勝一切世間天人阿素洛等
復次善現若法界是實有非非有者則此大
乘非尊非勝非上非妙不能超勝一切世間
天人阿素洛等善現以法界非實有是非有
性故此大乘是尊是勝是上是妙超勝一切
世間天人阿素洛等善現若真如實際不思
議界安隱界等是實有非非有者則此大乘
非尊非勝非上非妙不能超勝一切世間天
人阿素洛等善現以真如實際不思議界安
隱界等非實有是非有性故此大乘是尊是
勝是上是妙超勝一切世間天人阿素洛等
復次善現若布施波羅蜜多是實有非非有
者則此大乘非尊非勝非上非妙不能超勝
一切世間天人阿素洛等善現以布施波羅
蜜多非實有是非有性故此大乘是尊是勝

一切世間天人阿素洛等善現以布施波羅
蜜多非實有是非有性故此大乘是尊是勝
是上是妙超勝一切世間天人阿素洛等善
現若淨戒安忍精進靜慮般若波羅蜜多是
實有非非有者則此大乘非尊非勝非上非
妙不能超勝一切世間天人阿素洛等善現
以淨戒安忍精進靜慮般若波羅蜜非實
有是非有性故此大乘是尊是勝是上是妙
超勝一切世間天人阿素洛等復次善現若
內空是實有非非有者則此大乘非尊非勝
非上非妙不能超勝一切世間天人阿素洛
等善現以內空非實有是非有性故此大乘
是尊是勝是上是妙超勝一切世間天人阿
素洛等善現若外空內外空空空大空勝義
空有為空無為空畢竟空無際空散無散空

此大乘非尊非勝非上非妙不能超勝一切
世間天人阿素洛等善現以外空乃至无性
自性空非實有是非有性故此大乘是尊是
勝是上是妙超勝一切世間天人阿素洛等
復次善現若四念住是實有非非有者則此
大乘非尊非勝非上非妙不能超勝一切世
間天人阿素洛等善現以四念住非實有是
非有性故此大乘是尊是勝是上是妙超勝
一切世間天人阿素洛等善現若四正斷四
神足五根五力七等覺支八聖道支是實有
非非有者則此大乘非尊非勝非上非妙不
能超勝一切世間天人阿素洛等善現以四
正斷乃至八聖道支非實有是非有性故此
大乘是尊是勝是上是妙超勝一切世間天
人阿素等復次善現乃至若佛十力是實

人阿素洛等復次善現乃至若佛十力是實
有非非有者則此大乘非尊非勝非上非妙
不能超勝一切世間天人阿素洛等善現以
佛十力非實有是非有性故此大乘是尊是
勝是上是妙超勝一切世間天人阿素洛等
善現若四无所畏四无礙解大慈大悲大喜
大捨十八佛不共法是實有非非有者則此
大乘非尊非勝非上非妙不能超勝一切世
間天人阿素洛等善現以四无所畏乃至十
八佛不共法非實有是非有性故此大乘是
尊是勝是上是妙超勝一切世間天人阿素
洛等

大般若波羅蜜多經卷第四百一十七

BD00857　大般若波羅蜜多經卷四一七

BD00858 善惡因果經

376.5cm × 25.5cm

心不等是以所受千差万別令身端正者從忍
辱中来為人醜陋者從瞋恚中来為人貧窮者
從慳貪中来為人高貴從礼拜中来為人下賤
從憍慢中来為人長大從恭敬中来為人挫短
從慢法中来為人恨戾從羊中来為人黒瘦從
鄣佛光明中来為人缺脣從嚐齋食中来為人
赤眼從惜火光中来為人雀目從縫鷹眼合中
来為人瘖瘂從謗法中来為人耳聾從不喜聞
法中来為人缺齒從齧骨肉中来為人塞鼻
從然不好香供養佛中来為人脣缺從穿魚
鰓中来為人黄疑從撖猪中来為人亢目從
穿衆生目中来為人鉪體從著軽衣湯突佛

[illegible]
肩從著卑衣出入背佛像中來為人胜額者
從見佛不礼捉手打額中來為人短項者從
見尊長縮頭走避中來為人心痛病者從斫
剌衆生身體中來為人癩病者從枉取他物
中來為人氣嗽從冬月与人冷食中來為人
无男女從煞他諸鳥子中來為人長命者從
慈心中來為人短命者從煞生中來為人大
富者從布施中來為人有車馬者從施三寶
車馬中來為人聦明從學問讀經中來為人
闇鈍從畜生中來為人奴婢從負債中來為人
蹹跣從獼猴中來為人癩病者從破壞三寶
中來為人手脚不隨者從縛勒衆生手脚中
來為人惡性從蛆蝎中來為人六根具足者從

中來為人手脚不隨者從縛繫衆生手脚中
來為人惡性從虵蝎中來為人六根具足者從
持戒中來為人諸根不具足者從破戒中來為
人不淨潔者從猪中來為人喜歌儛者從伎兒
中來為人多貪從狗中來為人項有瘿肉者從
獨食中來為人口氣臭者從惡罵中來為人男
根不具足者從揵猪狗中來為人舌短者從
處盜罵尊長中來為人憙嫉他婦女者死墮鵝
鴨中為人憙嫉九族親者墮雀中為人慳惜經
書藏匿智慧不為人說者死作木中虫好帶弓
箭騎乘死墮六夷中好獵殺生者死墮豺狼
中好著釵花者死作戴勝虫喜著長衣者
死作長尾虫喜卧食者死墮猪中好著緋

死作懊惱虫為人善傳惡信者死作鵄梟為
人善作殃禍語者死作野狐善驚恐人者死
作錘燕虫前身著木屐入寺者今身生在
銅鉼馬中先身喜放下氣者今身作蜣蜋
虫先身用眾僧碓磑者今作叩頭虫先身
節量人食者今作啄木虫盜用僧水者今
作水中魚鼈污眾僧地者今作屏中虫盜
僧菓子者作食泥土虫偷僧物者今作碾
磑牛驢騾從僧乞貸者今作白鴿鳥駕乘
眾僧者今作牛領中虫食眾僧菜者今作
蔡中虫坐僧床者作蚰蜒虫用僧雜物者
作飛投火虫捶骨捍入寺者今作長嘴鳥
著胭脂胡粉朱脣入寺者今作赤嘴鳥著

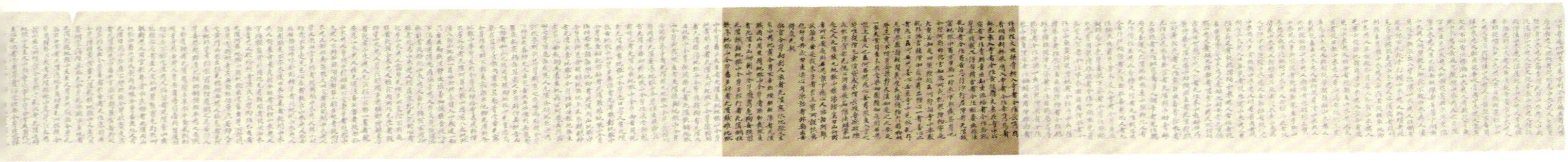

作飛投火虫棲骨押入寺者令作長嘴鳥
著烟脂胡粉朱脣入寺者令作赤嘴鳥著
綵色衣入寺者令作黃膢騾夫妻在寺中止
宿者令作青頭臺虫却坐佛塔者令作駱駞
身著鞋靴入浮𡇼精舍者令作蝦蟇虫聽法
亂語者令作百舌鳥汙淨行尼僧者死墮鐵
窟地獄中百万刀輪一時來下斬截其身世
尒時阿難白佛言如佛所說犯衆僧物實是
大重若如是四輩檀越云何得詣寺中恭敬
礼拜佛言往僧伽藍中有二種心一者善心二
者惡心云何名為善心若至寺中見佛礼拜
見僧恭敬請經問義受戒懺悔捨於財物經
營三寶不惜身命護持大法如是之人舉足

時唯從僧乞索借貸長短專欲破壞
或毀僧食都无愧心餅菓菜茹懷俠歸家如
是之人死墮鐵丸地獄中鑊湯鑪炭刀山劒樹
靡所不逕是則名為家下惡心人佛語阿難
諦語來世是我弟子者於三寶所謹慎莫
犯努力共成勿生退心用佛語者称勒出世
得度无疑
佛言令身劫剝人衣者死墮寒氷地獄又生
蠶中為他煮令身不善然燈照經像者死墮
鐵圍山間黒闇地獄中令身屠煞斬截衆生
者死墮刀山劒樹中令身飛鷹走狗毒獵射
死墮鐵鋸地獄中令身多邪行者死墮銅柱
鐵床地獄中令身畜多婦者死墮鐵碓地獄

死墮鑊鋸地獄中今身多邪行者死墮銅柱
鐵床地獄中今身畜多婦者死墮鐵碓地獄
中今身畜多夫主者死墮毒蛇地獄中今身
燒煮雞子者死墮灰河地獄中今身截豬雞
者死墮鑊湯地獄中今身撻豬狗者死墮尖
石地獄中今身飲酒醉亂者死墮飲銅地獄
中今身斬截衆生者死墮鐵輪地獄中今身
偷衆僧菓子者死墮鐵丸地獄中今身食豬狗
腸肉者死墮糞康地獄中今身作生魚膾食
者死墮刀林劍樹地獄中今身作後母訣剋
前母兒者死墮火車地獄中今身兩舌鬪亂
者死墮鐵犁地獄中今身惡口罵人者死墮
拔舌地獄中今身多妄語者死墮鐵釘地獄中
[illegible]墮鐵[illegible]地獄中今身

作師巫鬼言詐代牲者天門
今身作師翁含明眼地誑他上天取魂魄神
者死墮斬脊地獄中今身作師母教他煞生
求其大神或詞立道上地社公阿魔女郎諸
如是等皆是誑或愚人死墮斧斫地獄中為
諸獄卒剉斬其身鐵嶲之鳥啄兩眼精今身
作師公或葬埋死人占宅吉凶五姓便利妄能謝
墓厭鎮襄禍誑其痴人多取財物妄說吉凶
之語者如此之徒死墮鐵鉤地獄中无量惡鳥
集在其身食噉肉盡啄其筋骨受苦无窮
今身作醫師不能差病誑取他物死墮針灸
地獄中舉身火然今身破壞塔寺及戾師僧
不孝父母者死墮阿鼻地獄中備逕八大地獄
復入諸小地獄一百卅六所悉皆入中或逕一劫

不孝父母者死墮阿鼻地獄中備逕八大地獄
復入諸小地獄一百卌六所悉皆入中或逕一劫
乃至五劫然後得出值善知識發菩提心若
不值遇還墮惡道佛言為人身大皃纖健嗔
難解者從駱駝中來為人喜行健食不避嶮
難者從馬中來為人堪履寒熱无記錄心者
從牛中來為人高聲无愧多所愛念不別是
非者從驢中來為人恒貪肉所作无畏者從
師子中來為人身長眼圓多遊曠野憎嫉妻子
者從虎中來為人毛長眼小不樂一處者從
飛鳥中來為人性无返復喜煞害者從野狐
中來為人勇健少於婬欲不愛妻子者從狼中
來為人不好妙服伺捕姦非小眼多愁者從狗中

婬意不専定見色心惑者從雀中來為人眼赤
齒短語便咥味卧則纏身者從虵蚖中來為人
語則瞋恚不察來儀口出火毒者從蝎中來
為人獨處貪處夜則少睡者從狸中來為人
穿墻竊盜貪財健恐无有親疎者從鼠中來
佛言為人破塔壞寺隱藏三寶物作已用者
死墮阿鼻地獄中從地獄出受畜生身所謂鴿
雀鴛鴦鷦鷯青雀魚鱉獼猴麞鹿若得人身
受黃門女形二根无根婬女為人瞋恚者死墮
毒虵師子虎狼熊羆猫狸鷹鷂之屬若得人
身喜養鷄猪屠兒獵師網捕獄卒為人愚癡
不解道理者死墮鷹猪牛羊水牛蚤虱蚊虻
蟻子等形若得人身聾盲瘖瘂癃殘背僂諸

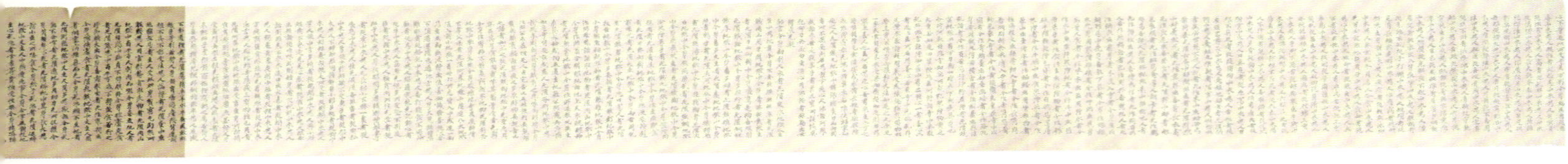

不解道理者死墮鷹猪牛羊水牛蚤虱蚊虻
蟻子等形若得人身聾盲瘖瘂癃殘背傴諸
根不具不能受法為人憍慢者死墮糞中虫
駝驢犬馬者生人受奴婢身貧窮乞丐衆所
輕賤為人因官形勢貪取民物者死墮肉山
地獄中百千万人割肉而噉令身盡立他人者
死墮白鳥中腳直不得眠臥令身破齋夜食
者死墮餓鬼中百千万歲不得飲食若行之
時節頭火出令身毒露形坐者死作寒鶵虫
令身懷挾齋食者死墮熱鐵地獄中又生人間
著烟塞病短氣而死令身礼佛頭不至地者
死墮倒懸地獄中又生人間多為欺誑令身礼
佛不合掌者死墮邊地多用功力无所收攬令

地獄中又生人中横遭惡事令身合掌五體投地
至心礼佛者常處尊貴恒受快樂令身健嗔慱
食者從顛狂中来令身眼目瞤睞者從耶看他
婦女中来令身加水著酒中貽与人者死作水
中虫又生人間水腫斷氣而死
佛告阿難如向所說種種衆生皆由十惡之業
上者地獄因緣中者畜生因緣下者餓鬼因
緣於中煞生之罪能令衆生墮於地獄畜生
餓鬼若生人中得二種果報一者短命二者
多病劫盜之罪亦令衆生墮於地獄畜生餓
鬼若生人中得二種果報一者貧窮二者共
財不得自在耶婬之罪能令衆生墮於地獄
畜生餓鬼若生人中得二種果報一者婦不貞

財不得自在邪婬之罪能令衆生墮於地獄
畜生餓鬼若生人中得二種果報一者婦不貞
良二者二妻相諍不隨已心妄語之罪能令
衆生墮於地獄畜生餓鬼若生人中得二種
果報一者多被誹謗二者恒為多人所誑兩
舌之罪亦令衆生墮於地獄畜生餓鬼若生
人中得二種果報一者得破壞眷屬二者
得弊惡眷屬惡口之罪亦令衆生墮於地獄
畜生餓鬼若生人中得二種果報一者常聞
惡聲二者所有言訟恒為諍訟綺語之罪
亦令衆生墮於地獄畜生餓鬼若生人間得
二種果報一者所說人不信受二者所有言
說不能辯了貪欲之罪亦令衆生墮於地獄

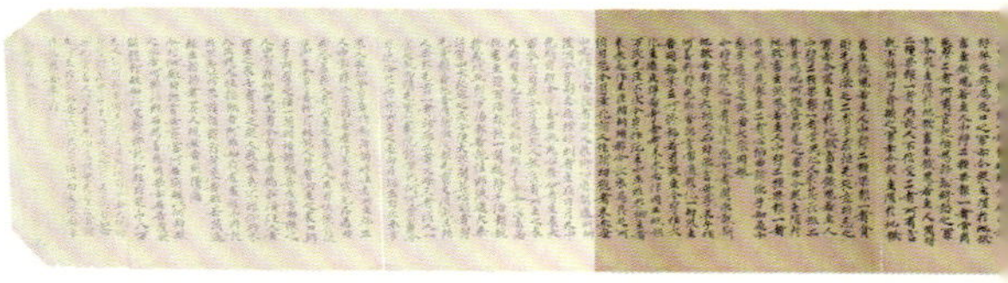

[illegible]
罪亦令衆生墮於地獄畜生餓鬼若生人
中得二種果報一者常為他人求其長短二
者常為他所惱害邪見之罪亦令衆生墮於
地獄畜生餓鬼若生人中得二種果報一者
常為邪見家生二者心懷諂曲諸佛子如是十
惡業道皆是衆苦大聚因緣
尒時大衆之中有作十惡業者聞佛說斯
地獄苦報皆大號哭而白佛言世尊弟子作
何善行得免斯苦佛言當復教化一切衆生
皆同福業云何修福若有衆生今身作大
化主造立浮圖寺舍者未來必作國王統領
万民无往不伏今身作僧主中正維那輪主者
未來必作王臣輔相州郡令長衣馬具足所
須自恣今身率化諸人作諸功德者未來世

BD00858　善惡因果經

須自恣令身幸化諸人作諸功德者未來世
中处作豪富長者衆人敬仰四道開通所向
值偶今身好喜然燈續明者生在日月天中
光明自照今身喜布施慈心養命者生處大
富衣食自然今身惠施人飲食者所生之處
天廚自至色力具足聰明辯才壽命長遠若
施畜生得百倍報施一闡提得千倍報施
持戒比丘得万倍報若施法師流通大乘
講宣如來秘密之藏令便大衆開其心眼者得
无量報若施菩薩諸佛受報无窮又復施三種
人果報无盡一者諸佛二者父母三者病人一
食之施尚獲无量之報况能常施何可窮盡今
身洗浴衆僧者所生之處面目端正自然衣裳

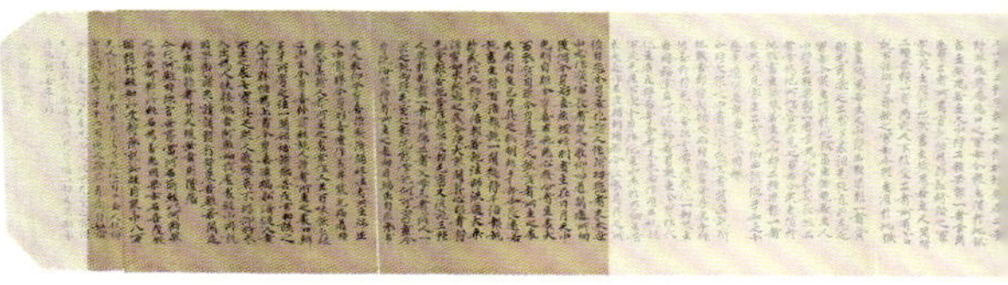

樹蔭蓋諸人者所生之處常作人王百味飲食隨
心即生今身書抄寫經施人讀者所生之處口辯
多才所學之法一聞領悟諸佛菩薩常加護之
人中最勝恒為上首今身書造橋舡濟渡人者
所生之處七寶具足衆人欽嘆莫不瞻仰行來
入出為人扶接佛告阿難如我處處經中所說
因果勸諸衆讀誦循行得度苦難若聞是
經生誹謗者其人現世舌則墮落
尒時阿難白佛言世尊當何名斯經以何勸發
之佛告阿難此經名為善惡因果亦名菩薩發
願循行經如此受持佛說此經時衆中八万
天人發阿耨多羅三藐三菩提心百千女人現轉
女身得成男子千二百惡人捨其毒意自知宿

BD00858　善惡因果經

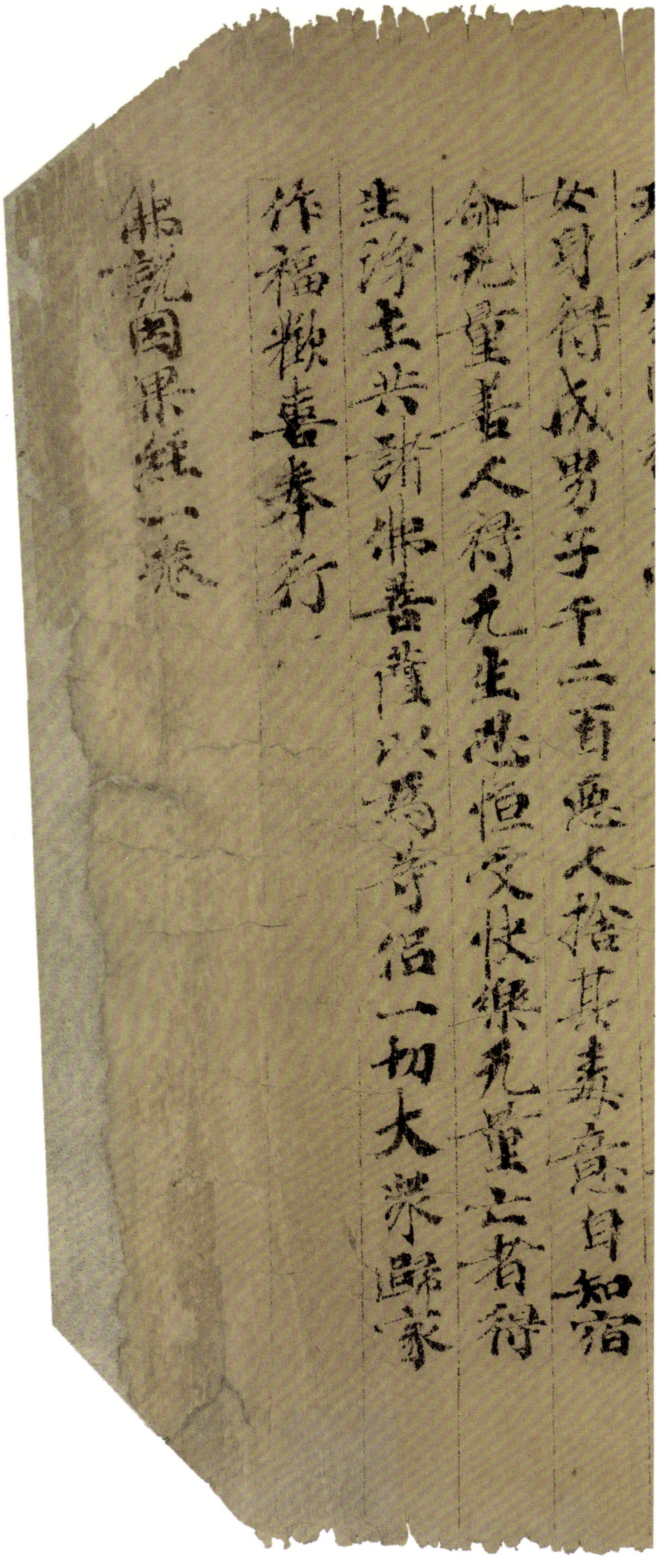

女身得成男子千二百惡人捨其毒意自知宿
命无量善人得无生忍恒受快樂无量亡者得
生淨土共諸佛菩薩以爲寺侶一切大衆歸家
作福歡喜奉行

佛說因果經一卷

BD00859 金光明最勝王經卷五

（唐）義净 譯

552.5cm × 25.5cm

過去未來現在諸佛恭敬供養
此陁羅尼何以故此陁羅尼乃是
佛之母是故當知持此陁羅尼
心已於過去无量佛所殖諸善本
戒清淨不毀不缺无有障礙
深法門世尊即爲說持呪法先
薩名至心礼敬然後誦呪
諸佛　南謨諸大菩薩摩訶薩
緣覺一切賢聖
尼佛　南謨東方不動佛
幢佛　南謨西方阿弥陁佛
音王佛　南謨上方廣衆德佛
德佛　南謨寶藏佛

……稱王佛　南謨……

……見佛　南謨寶髻佛

……上佛　南謨寶光佛

……光明佛　南謨辯才莊嚴思惟佛

……稱相王佛　南謨花嚴光佛

……明王佛　南謨善光无垢稱王佛

……觀察无畏自在佛　南謨无畏名稱佛

［南］謨最勝王佛

南謨觀自在菩薩摩訶薩　南謨地藏菩薩摩訶薩

南謨虛空藏菩薩摩訶薩　南謨妙吉祥菩薩摩訶薩

南謨金剛手菩薩摩訶薩　南謨普賢菩薩摩訶薩

南謨无盡意菩薩摩訶薩　南謨大勢至菩薩摩訶薩

南謨慈氏菩薩摩訶薩　南謨善惠菩薩摩訶薩

陁羅尼曰

[illegible]

BD00859　金光明最勝王經卷五

陁羅尼曰
南謨曷喇怛娜怛喇夜也　怛姪他
君睇　君睇　矩析麗矩析麗
壹室哩　蜜室哩　莎訶
佛告善住菩薩此陁羅尼是三世佛母若
有善男子善女人持此呪者能生无量无邊
福德之聚即是供養恭敬尊重讚歎无數諸
佛如是諸佛皆與此人授阿耨多羅三藐三
菩提記善住若有人能持此呪者隨其所欲
衣食財寶多聞聰惠无病長壽獲福甚多
隨所願求无不遂意善住持是呪者乃至未證
无上菩提常與金城山菩薩慈氏菩薩大海菩
薩觀自在菩薩妙吉祥菩薩大氷伽羅菩薩

遍爲前方便次於閑室莊嚴道場黑月一日清
淨洗浴著鮮潔衣燒香散花種種供養并諸
飲食入道場中先當稱礼如前所說諸佛菩
薩至心慇重悔先罪已右膝著地可誦前咒
滿一千八遍端坐思惟念其所願日未出時
於道場中食淨黑食日唯一食至十五日方
出道場能令此人福德威力不可思議隨所
願求无不圓滿若不遂意重入道場既稱心
已常持莫忘

金光明最勝王經重顯空性品第九

爾時世尊說此咒已爲欲利益菩薩摩訶薩
人天大衆令得悟解甚深真實第一義故重
明空性而說頌曰

我已於餘甚深經　廣說真空微妙法

BD00859　金光明最勝王經卷五

我已於餘甚深經　廣說真空微妙法
今復於此經王內　略說空法不思議
於諸廣大甚深法　有情无智不能解
故我於斯重敷演　令於空法得開悟
大悲哀愍有情故　以善方便勝因緣
我今於此大衆中　演說令彼明空義
當知此身如空聚　六賊依止不相知
六塵諸賊別依根　各不相知亦如是
眼根常觀於色處　耳根聽聲不斷絕
鼻根恒齅於香境　舌根鎮嘗於美味
身根受於輕耎觸　意根了法不知猒
此等六根隨事起　各於自境生分別
識如幻化非真實　依止根處妄貪求

常愛色聲香味觸　於法尋思无暫停
隨緣遍行於六根　如鳥飛空无障礙
藉此諸根作依處　方能了別於外境
此身无知无作者　體不堅固託緣成
皆從虛妄分別生　譬如機關由業轉
地水火風共成身　隨彼因緣招異果
同在一處相違害　如四毒蛇居一篋
此四大蛇性各異　雖居一處有昇沉
或上或下遍於身　斯等終歸於滅法
於此四種毒蛇中　地水二蛇多沉下
風火二蛇性輕舉　由此乖違衆病生
心識依止於此身　造作種種善惡業
當往人天三惡趣　隨其業力受身形
遭諸疾病身死後　大小便利悉盈流

BD00859　金光明最勝王經卷五

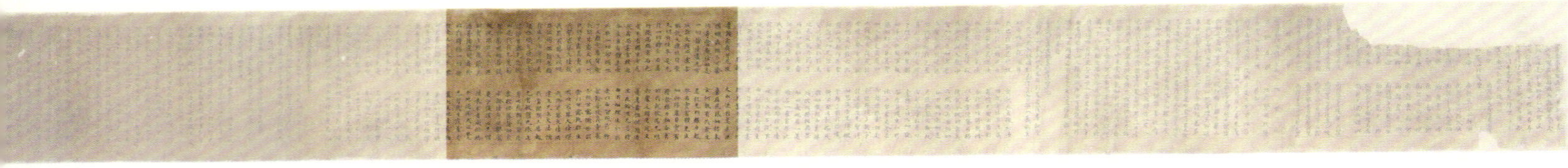

常往人天三惡趣　隨其業力受身形
遺諸疾病身死後　大小便利悉盈流
膿爛蟲蛆不可樂　棄在屍林如朽木
汝等當觀法如是　云何執有我衆生
一切諸法盡无常　悉從无明緣力起
彼諸大種咸虛妄　本非實有體无生
故說大種性皆空　知此浮虛非實有
无明自性本是无　藉衆緣力和合有
於一切時失正惠　故我說彼為无明
行識為緣有名色　六處及觸受隨生
愛取有緣生老死　憂悲苦惱恒隨逐
衆苦惡業常纏迫　生死輪迴无息時
本來非有體是空　由不如理生分別
我斷一切諸煩惱　常以正智現前行

既得甘露真實味　常以甘露施群生
我擊最勝大法鼓　我吹最勝大法螺
我然最勝大明燈　我降最勝大法雨
降伏煩惱諸怨結　建立无上大法幢
於生死海濟群迷　我當關閉三惡趣
煩惱熾火燒衆生　无有救護无依止
清涼甘露充足彼　身心熱惱並皆除
由是我於无量劫　恭敬供養諸如來
堅持禁戒趣菩提　求證法身安樂處
施他眼耳及手足　妻子僮僕心无悋
財寶七珍莊嚴具　隨來求者咸供給
忍等諸度皆遍修　十地圓滿成正覺
故我得稱一切智　无有衆生度量者
假使三千大千界　盡此土地生長物

故我得稱一切智　无有衆生度量者
假使三千大千界　盡此土地生長物
所有藂林諸樹木　稻麻竹葦及枝條
此等諸物皆代取　並悉細末作微塵
隨處積集量難知　乃至充滿虛空界
一切十方諸剎土　所有三千大千界
地土皆悉末為塵　此微塵量不可數
假使一切衆生智　以此智慧與一人
如是智者量无邊　容可知彼微塵數
牟尼世尊一念智　令彼智人共度量
於多俱胝劫數中　不能筭知其少分
時諸大衆聞佛說此甚深空性有无量衆
生悉能了達四大五蘊體性俱空六根六境
妄生繫縛願捨輪迴正修出離深心慶喜如

尒時如意寶光耀天女於大衆中聞說深法
歡喜踊躍從座而起偏袒右肩右膝著地合
掌恭敬白佛言世尊唯願為說於甚深理修
行之法而說頌言
我問照世界　兩足最勝尊　菩薩正行法　唯願慈聽許
佛言善女天　若有疑惑者　隨汝意所問　吾當分別說
是時天女請世尊曰
云何諸菩薩　行菩薩正行　離生死涅槃　饒益自他故
佛告善女天依於法界行菩提法修平等行
云何依於法界行菩提法修平等行謂於五
蘊能現法界法界即是五蘊五蘊不可說非
五蘊亦不可說何以故若法界是五蘊即是
斷見若離五蘊即是常見離於二相不著二
邊不可見過所見無名無相是則名為說於

斷見若離五蘊即是常見離於二相不著二
邊不可見過所見无名无相是則名為說於
法界善女天云何五蘊能現法界如是五蘊
不從因緣生何以故若從因緣生者為已生
故生為未生故生若已生生者何用因緣若未
生生者不可得生何以故未生諸法即是非
有无名无相非校量譬喻之所能及非是
因緣之所生故善女天譬如鼓聲依木依皮
及桴手等故得出聲如是鼓聲過去亦空未
來亦空現在亦空何以故是鼓音聲不從木
生不從皮生及桴手生不於三世生是則不
生若不可生則不可滅若不可滅无所從來
若无所從來亦无所去若无所去則非常非

諦得於无上安樂涅槃既不始是故知不一
若言異者一切諸佛菩薩行相即是執著未
得解脫煩惱繫縛即不證阿耨多羅三藐
三菩提何以故一切聖人於行非行同真實
性是故不異故知五蘊非有非无不從因緣生
非无因緣生是聖所知非餘境故亦非言說
之所能及无名无相无因无緣亦无譬喻始
終寂靜本來自空是故五蘊能現法界善女
天若善男子善女人欲求阿耨多羅三藐三
菩提異真異俗難可思量於凡聖境體非一
異不捨於俗不離於真依於法界行菩提行
尒時世尊作是語已時善女天踊躍歡喜即
從座起偏袒右肩右膝著地合掌恭敬一心
頂禮而白佛言世尊如上所說菩提正行我

從座起偏袒右肩右膝著地合掌恭敬一心
頂禮而白佛言世尊如上所說菩提正行我
今當學是時索訶世界主大梵天王於大衆
中問如意寶光耀善女天曰此菩提行難可
脩行汝今云何於菩提行而得自在尒時善
女天答梵王曰大梵王如佛所說實是甚深
一切異生不解其義是聖境界微妙難知若
使我今依於此法得安樂住是實語者願令
一切五濁惡世无量无數无邊衆生皆得金色
卅二相非男非女坐寶蓮花受无量樂雨天
妙花諸天音樂不鼓自鳴一切供養皆悉具
足時善女天說是語已一切五濁惡世所有衆
生皆悉金色具大人相非男非女坐寶蓮花
受无量樂猶如他化自在天宮无諸惡道

轉女身作梵天身時大梵王問如意寶光耀
菩薩言仁者如何行菩提行答言梵王若水
中月行菩提行我亦行菩提行若夢中行菩
提行我亦行菩提行若陽焰行菩提行我亦
行菩提行若谷響行菩提行我亦行菩提
行時大梵王聞此說已白菩薩言仁依何義而
說此語答言梵王无有一法是實相者但由
因緣而得成故梵王言若如是者諸凡夫人
皆悉應得阿耨多羅三藐三菩提答言仁以
何意而作是說愚癡人異智慧人異菩提異
非菩提異解脫異非解脫異梵王如是諸法
平等无異於此法界真如不異无有中間而
可執著无增无减梵王譬如幻師及幻弟子
善解幻術於四衢道取諸沙土草木葉等聚

而報若无增无減梵王譬如幻師及幻弟子
善解幻術於四衢道取諸沙土草木葉等聚
在一處作諸幻術使人覩見象衆馬衆車兵
等衆七寶之聚種種倉庫若有衆生愚癡
无智不能思惟不知幻本若見若聞作是思
惟我所見聞象馬等衆此是實有餘皆虛
妄於後更不審察思惟有智之人則不如是了
於幻本若見若聞作如是念如我所見象馬等
衆非是真實唯有幻事惑人眼目妄謂象等
及諸倉庫有名无實如我見聞不執爲實後
思時惟知其虛妄是故智者了一切法皆无
實體但隨世俗如見如聞表宣其事思惟諦
理則不如是復由假說顯實義故梵王愚癡
異生未得出世聖惠之眼未知一切諸法真如

能了知諸法真如是不可說是諸聖人若
見若聞行非行法隨其力能不生執著以為實
有了知一切无實行法无實非行法但妄思量
行非行相唯有名字无有實體是諸聖人隨
世俗說為欲令他知真實義如是梵王是諸
聖人以聖智見了法真如不可說故行非行
法亦復如是令他證知故說種種世俗名言
時大梵王問如意寶光耀菩薩言有幾衆生
能解如是甚深正法荅言梵王有衆幻人心
心數法能解如是甚深正法梵王曰此幻化人
體是非有此之心數從何而生荅曰若知法
界不有不无如是衆生能解深義
尒時梵王白佛言世尊是如意寶光耀菩薩
不可思議通達如是甚深之義佛言如是如

尒時梵王白佛言世尊是如意寶光耀菩薩
不可思議通達如是甚深之義佛言如是如
是梵王如汝所言此如意寶光耀已教汝等
發心修學无生忍法是時大梵天王與諸梵
衆從座而起偏袒右肩合掌恭敬頂礼如意
寶光耀菩薩足作如是言希有希有我等今
日幸遇大士得聞正法
尒時世尊告梵王言是如意寶光耀於未
来世當得作佛号寶燄吉祥藏如来應正遍
知明行圓滿善逝世間解无上士調御丈夫天
人師佛世尊說是品時有三千億菩薩於阿
耨多羅三藐三菩提得不退轉八千億天子无
量无數國王臣民遠塵離垢得法眼淨
尒時會中有五十億苾芻行菩薩行欲退

之心各自脫衣供養菩薩重發无上勝進之心
作如是願願令我等功德善根悉皆不退迴向
阿耨多羅三藐三菩提梵王是諸苾芻依此
功德如說修行過九十大劫當得解悟出離
生死爾時世尊即為授記汝諸苾芻過卅阿
僧祇劫當得作佛劫名難勝光王國名无垢
光同時皆得阿耨多羅三藐三菩提皆同一
号名願莊嚴聞飾王十号具足梵王是金光
明微妙經典若正聞持有大威力假使有人
於百千大劫行六波羅蜜无有方便若有善
男子善女人書寫如是金光明經半月半月
專心讀誦是功德聚於前功德百分不及一
乃至算數譬喻所不能及梵王是故我今令
汝修學憶念受持為他廣說何以故我於往

BD00859　金光明最勝王經卷五

乃至筭數譬喻所不能及梵王是故我今令
汝修學憶念受持為他廣說何以故我於往
昔行菩薩道時猶如勇士入於戰陣不惜身
命流通如是微妙經王受持讀誦為他解說
梵王譬如轉輪聖王若王在世七寶不滅王若
命終所有七寶自然滅盡梵王是金光明微
妙經王若現在世无上法寶悉皆不滅若
无是經隨處隱沒是故應當於此經王專心
聽聞受持讀誦為他解說勸令書寫行精進
波羅蜜不惜身命不憚疲勞功德中勝我諸
弟子應當如是精勤修學
尒時大梵天王與无量梵衆帝釋四王及諸
藥叉俱從座起偏袒右肩右膝著地合掌恭
敬而白佛言世尊我等皆願守護流通是金
[illegible]

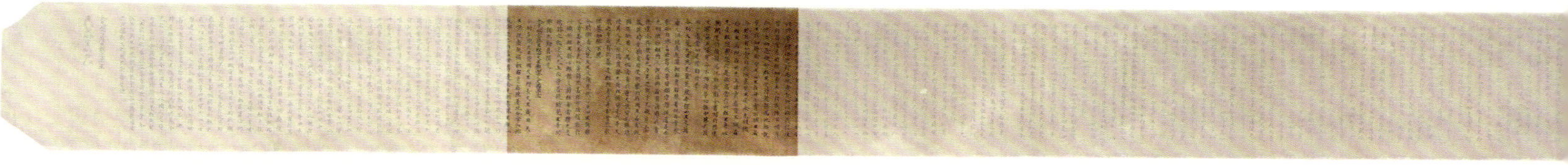

[illegible]
泰然時會聽者皆受安樂所在國土若有飢
饉怨賊非人為惱害者我等天眾皆為擁護
使其人民安隱豐樂无諸枉橫皆是我等天
眾之力若有供養是經典者我等亦當恭敬
供養如佛不異
尒時佛告大梵天王及諸梵眾乃至四王諸藥
叉等善哉善哉汝等得聞甚深妙法復能於
此微妙經王發心擁護及持經者當獲无邊
殊勝之福速成无上正等菩提時梵王等聞
佛語已歡喜頂受
金光明最勝王經四天王觀察人天品第十一
尒時多聞天王持國天王增長天王廣目天
王俱從座起偏袒右肩右膝著地合掌向佛
禮佛足已白言世尊是金光明最勝王經一

BD00859　金光明最勝王經卷五

王俱從座起偏袒右肩右膝著地合掌向佛
礼佛足已白言世尊是金光明㝡勝王經一
切諸佛常念觀察一切菩薩之所恭敬一切
天龍常所供養及諸天衆常生歡喜一切護
世稱揚讚歎聲聞獨覺皆共受持悉能明照
諸天宮殿能與一切衆生殊勝安樂止息地
獄餓鬼傍生諸趣苦惱一切怖畏悉能除殄
所有怨敵尋即退散飢饉惡時能令豐稔疾
疫病苦皆令蠲愈一切災變百千苦惱咸悉
消滅世尊是金光明㝡勝王經能爲如是安
隱利樂饒益我等唯願世尊於大衆中廣爲
宣說我等四王并諸眷屬聞此甘露无上法
味氣力充實增益威光精進勇猛神通倍勝
世尊我等四王修行正法常說正法以法化

正法而化於世遮去諸惡所有鬼神吸人精
氣无慈悲者悉令遠去世尊我等四王與二
十八部藥叉大將并與无量百千藥叉以淨
天眼過於世人觀察擁護此贍部洲世尊以
此因緣我等諸王名護世者又復於此洲中
若有國王被他怨賊常来侵擾及多飢饉疾
疫流行无量百千灾厄之事世尊我等四王
於此金光明冣勝王經恭敬供養若有苾芻
法師受持讀誦我等四王共往覺悟勸請
其人時彼法師由我神通覺悟力故往彼國
界廣宣流布是金光明微妙經典由經力故
令彼无量百千衰惱灾厄之事悉皆除遣世
尊若諸人王於其國内有持是經苾芻法師
至彼國時當知此經亦至其國世尊時彼國

BD00859　金光明最勝王經卷五

尊若諸人王於其國内有持是經苾芻法師
至彼國時當知此經亦至其國世尊時彼國
王應往法師處聽其所說聞已歡喜於彼法師
恭敬供養深心擁護令无憂惱演說此經利
益一切世尊以是緣故我等四王皆共一心
護是人王及國人民令離災患常得安隱世
尊若有苾芻苾芻尼鄔波索迦鄔波斯迦
持是經者時彼人王隨其所須供給供養令
无乏少我等四王令彼國主及以國人悉皆
安隱遠離災患世尊若受持讀誦是經典者
人王於此供養恭敬尊重讃歎我等當令
彼王於諸王中恭敬尊重最為第一諸餘國王
共所稱歎大衆聞已歡喜受持

金光明最勝王經卷第七

BD00859　金光明最勝王經卷五

BD00860 大般若波羅蜜多經卷三四一

（唐）玄奘 譯

687.1cm × 26cm

摩訶薩
復次善現若菩薩摩訶薩如是學時於佛十
力四无所畏四无礙解大慈大悲大喜大捨及
十八佛不共法等无量无數无邊佛法皆
得清淨決定不隨一切聲聞及獨覺地尒時
具壽善現白佛言世尊若一切法本性清淨
云何菩薩摩訶薩於諸法中復得清淨佛告
善現如是如是如汝所說諸法本來自性清淨
是菩薩摩訶薩於一切法本性淨中精勤
脩學甚深般若波羅蜜多如實通達无染无
滯遠離一切煩惱染著故說菩薩復得清淨

脩行布施波羅蜜多脩行淨戒安忍精進靜
慮般若波羅蜜多安住內空安住外空內外空
空空大空勝義空有為空无為空畢竟空
无際空散空无變異空本性空自相空共相
空一切法空不可得空无性空自性空无性
自性空安住真如安住法界法性不虛妄性
不變異性平等性離生性法定法住實際虛
空界不思議界安住苦聖諦安住集滅道聖
諦脩行四靜慮脩行四无量四无色定脩行
八解脫脩行八勝處九次第定十遍處脩行
四念住脩行四正斷四神足五根五力七等
覺支八聖道支脩行空解脫門脩行无相无
願解脫門脩行極喜地脩行離垢地發光

顯解脫門脩行極喜地脩行離垢地發光
地焰慧地極難勝地現前地遠行地不動地
善慧地法雲地脩行五眼脩行六神通脩行
佛十力脩行四無所畏四無礙解大慈大
悲大捨十八佛不共法脩行无妄失法脩行
恒住捨性脩行一切陁羅尼門脩行一切三
摩地門脩行一切智脩行道相智一切相智
善現是菩薩摩訶薩於一切法本性清淨如
是學時於佛十力四無所畏四無礙解大慈
大悲大喜大捨十八佛不共法等無量無數
無邊佛法皆得清淨不墮聲聞及獨覺地於
諸有情心行差別皆能通達至極彼岸善巧
方便令諸有情證一切法本性清淨善現當

深般若波羅蜜多學聲聞獨覺地法善
現當知譬如人趣少分能脩轉輪王業多分受
行諸小王業諸有情類亦復如是少分能脩
一切智智道多分受行聲聞獨覺道善現當
知求趣無上正等菩提諸菩薩衆少得無上
正等菩提多墮聲聞及獨覺地善現當知住
菩薩乘諸善男子善女人等若不遠離甚深
般若波羅蜜多善巧方便定能趣入不退轉
地若有遠離甚深般若波羅蜜多善巧方便
定於無上正等菩提當有退轉是故菩薩摩
訶薩衆欲得菩薩不退轉地欲入菩薩不退
轉數當勤脩學甚深般若波羅蜜多善巧
方便

方便
復次善現若菩薩摩訶薩如是脩學甚深般
若波羅蜜多善巧方便終不發起慳貪破戒
瞋恚懈怠散亂惡慧相應之心終不發起貪
欲瞋恚愚癡憍慢相應之心終不發起諸餘
過失相應之心終不發起執取色相相應之
心亦不發起執取受想行識相相應之心終
不發起執取眼處相相應之心亦不發起執
取耳鼻舌身意處相相應之心終不發起執
取色處相相應之心亦不發起執取聲香味
觸法處相相應之心終不發起執取眼界相
相應之心亦不發起執取耳鼻香身意界相
相應之心終不發起執取色界相相應之心

終不發起執取眼識界相相應之心亦不發
起執取耳鼻舌身意識界相相應之心終不發
起執取眼觸相相應之心亦不發起執取耳鼻
舌身意觸相相應之心終不發起執取眼觸
為緣所生諸受相相應之心亦不發起執取
耳鼻舌身意觸為緣所生諸受相相應之心
緣不發起執取地界相相應之心亦不發起
執取水火風空識界相相應之心終不發起
執取無明相相應之心亦不發起執取行識
名色六處觸受愛取有生老死相相應之心
終不發起起執取布施波羅蜜多相相應之心
亦不發起執取淨戒安忍精進靜慮般若波
羅蜜多相相應之心終不發起執取內空相
相應之心亦不發起執取外空內外空空空

相應之心亦不發起執取外空內外空空空
大空勝義空有為空無為空畢竟空無際空
散空無變異空本性空自相空共相空一切
法空不可得空無性空自性空無性自性空
相相應之心終不發起執取真如相相應之
心亦不發起執取法界法性不虛妄性不變
異性平等性離生性法定法住實際虛空界
不思議界相相應之心終不發起執取苦聖
諦相相應之心亦不發起執取集滅道聖諦
相相應之心終不發起執取四靜慮相相應
之心亦不發起執取四無量四無色定相相
應之心終不發起執取八解脫相相應之心
亦不發起執取八勝處九次第定十遍處相

七等覺支八聖道支相相應之心終不發起
執取空解脫門相相應之心亦不發起執取
無相無願解脫門相相應之心終不發起執
取極喜地相相應之心亦不發起執取離垢
地發光地焰慧地極難勝地現前地遠行地
不動地善慧地法雲地相相應之心終不發起
執取五眼相相應之心亦不發起執取六
神通相相應之心終不發起執取佛十力相
相應之心亦不發起執取四無所畏四無礙
解大慈大悲大喜大捨十八佛不共法相相
應之心終不發起執取無忘失法相相應之
心亦不發起執取恒住捨性相相應之心終
不發起執取一切智相相應之心亦不發起

不發起執取一切智相相應之心亦不發起
執取道相智一切相智相應之心終不發
起執取一切陁羅尼門相相應之心亦不發起
執取一切三摩地門相相應之心終不發起
執取預流果相相應之心亦不發起執取
一來不還阿羅漢果相相應之心終不發起
執取獨覺菩提相相應之心終不發起執取
一切菩薩摩訶薩行相相應之心終不發起
執取諸佛無上正等菩提相相應之心何以
故善現是菩薩摩訶薩行深般若波羅蜜多
善巧方便都不見法是可得者無所得故不
起執取色等法相相應之心
復次善現若菩薩摩訶薩如是脩學甚深般

以故善現甚深般若波羅蜜多中含容一切
波羅蜜多故善現譬如薩迦耶見普能攝
受六十二見甚深般若波羅蜜多亦復如是含
容一切波羅蜜多善現譬如諸有沒者命根
滅故諸根隨滅甚深般若波羅蜜多亦復如
是一切所學波羅蜜多悉皆隨從若無般若
波羅蜜多亦無一切波羅蜜多是故善現若
菩薩摩訶薩欲到一切波羅蜜多究竟彼岸
應勤脩學甚深般若波羅蜜多善現當知若
菩薩摩訶薩脩學如是甚深般若波羅蜜多
於諸有情最為上首何以故善現是菩薩摩
訶薩已能脩學無上處故
復次善現於意云何於此三千大千世界諸

復次善現於意云何於此三千大千世界諸
有情類寧為多不善現荅言甚多世尊甚多
善逝贍部洲中諸有情類尚多無數何況三
千大千世界諸有情類佛言善現假使三千
大千世界諸有情類非前非後皆得人身得
人身已非前非後皆證無上正等菩提有善
男子善女人等住菩薩乘盡其形壽能以上
妙衣服飲食卧具湯藥及餘資具供養恭
敬重重讚歎此諸如來應正等覺是善男子
善女人等由此因緣得福多不善現荅言甚多
世尊甚多善逝佛言善現若善男子善女人
等住菩薩乘能於如是甚深般若波羅蜜多
聽聞受持讀誦書寫思惟脩習所獲福聚甚

無上正等菩提勝前所得諸善根故是故善
現若菩薩摩訶薩欲居一切有情上首當學
如是甚深般若波羅蜜多若菩薩摩訶薩欲
普饒益一切有情無救護者為作救護無歸
依者為作歸依無投趣者為作投趣無眼目
者為作眼目無光明者為作光明失道路者
示以道路未涅槃者令得涅槃當學如是甚
深般若波羅蜜多若菩薩摩訶薩欲得無上
正等菩提欲行諸佛所行境界欲遊戲佛所
遊戲處欲作諸佛大師子吼欲擊諸佛無上
法鼓欲扣諸佛無上法鍾欲吹諸佛無上法
螺欲昇諸佛無上法座欲說諸佛無上法義
欲決一切有情疑網欲入諸佛甘露法界欲

欲決一切有情疑網欲入諸佛甘露法界欲
受諸佛微妙喜樂當學如是甚深般若波羅
蜜多

復次善現若菩薩摩訶薩脩學如是甚深般
若波羅蜜多無有一切功德善根而不能得
時具壽善現白佛言世尊諸菩薩摩訶薩脩
學如是甚深般若波羅蜜多豈亦能得聲聞
獨覺功德善根佛言善現聲聞獨覺功德善
根此諸菩薩摩訶薩衆亦皆能得但於其中
無住無著以勝智見正觀察已超過彼位趣
入菩薩正性離生故此菩薩摩訶薩衆無有
一切功德善根而不能得復次善現若菩薩
摩訶薩如是學時則為隣近一切智智疾證

是學時則為一切世間天人阿素洛等真淨
福田復次善現若菩薩摩訶薩如是學時超
諸世間沙門梵志聲聞獨覺福田之上速能
證得一切智智復次善現若菩薩摩訶薩如
是學時隨所生處不捨般若波羅蜜多不離
般若波羅蜜多常行般若波羅蜜多復次善
現若菩薩摩訶薩脩學如是甚深般若波羅
蜜多當知已於一切智智得不退轉遠離聲聞
及獨覺地隣近無上正等菩提復次善現
若菩薩摩訶薩行甚深般若波羅蜜多時作
如是念此是般若波羅蜜多此是脩時此是脩
處我能脩此甚深般若波羅蜜多我由如是
甚深般若波羅蜜多捨離如是所應捨法
必當證得一切智智若作是念非行般若波

必當證得一切智智若作是念非行般若波羅蜜多亦於般若波羅蜜多不能解了甚深般若波羅蜜多不作是念此是般若波羅蜜多此是脩時此是脩處此是脩者此是般若波羅蜜多所應遠離煩惱障法此是般若波羅蜜多所證無上正等菩提若菩薩摩訶薩行甚深般若波羅蜜多時作如是念此非般若波羅蜜多此非脩時此非脩處此非脩者非由般若波羅蜜多能有所離及有所得所以者何以一切法皆住真如法界實際無差別故若如此行是行般若波羅蜜多

初分譬喻品第五十六

時天帝釋作是念言若菩薩摩訶薩脩行般

等菩提若菩薩摩訶薩安住內空安住外空內
外空空空大空勝義空有為空無為空畢
竟空無際空散空無變異空本性空自相空
共相空一切法空不可得空無性空自性空
無性自性空尚超一切有情之上況得無上
正等菩提若菩薩摩訶薩安住真如安住法
界法性不虛妄性不變異性平等性離生性
法定法住實際虛空界不思議界尚一切
有情之上況得無上正等菩提若菩薩摩訶薩
安住苦聖諦安住集滅道聖諦尚超一切有
情之上況得無上正等菩提若菩薩摩訶薩
脩行四靜慮脩行四無量四無色定尚超
一切有情之上況得無上正等菩提若菩薩

一切有情之上况得無上正等菩提若菩薩
摩訶薩脩行八解脫脩行八勝處九次第定
十遍處尚超一切有情之上况得無上正等
菩提若菩薩摩訶薩脩行四念住脩行四正
斷四神足五根五力七等覺支八聖道支尚
超一切有情之上况得無上正等菩提若菩
薩摩訶薩脩行空解脫門脩行無相願解
脫門尚超一切有情之上况得無上正等菩
提若菩薩摩訶薩脩行極喜地脩行離垢
地發光地焰慧地極難勝地現前地遠行地不
動地善慧地法雲地尚超一切有情之上况得
無上正等菩提若菩薩摩訶薩脩行五眼脩
行六神通尚超一切有情之上况得無上正

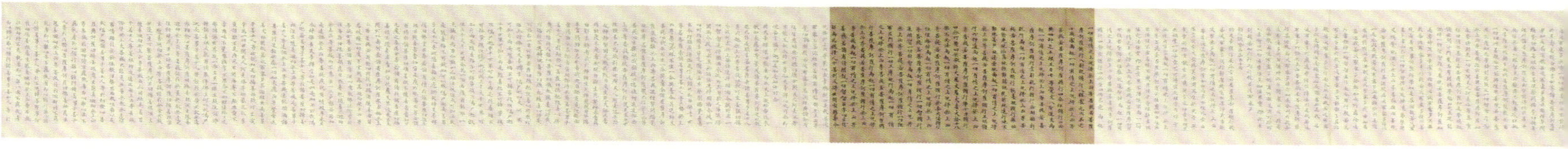

四無所畏四無礙解大慈大悲大喜大捨十八
佛不共法尚超一切有情之上況得無上正
等菩提若菩薩摩訶薩脩行無忘失法脩行
恒住捨性尚超一切有情之上況得無上正
等菩提若菩薩摩訶薩脩行一切智脩行
道相智一切相智尚超一切有情之上況得
無上正等菩提若菩薩摩訶薩脩行一切陁
羅尼門脩行一切三摩地門尚超一切有情
之上況得無上正等菩提若菩薩摩訶薩脩
行菩薩摩訶薩行尚超一切有情之上況得
無上正等菩提若菩薩摩訶薩脩行無上正
等菩提尚超一切有情之上況得無上正等
菩提　若諸有情聞說一切智智名字心生信
解尚為獲得人中善利及得世間最勝壽命

解尚爲穫得人中善利及得世間殊勝壽命
況發無上正等覺心或常聽聞如是般若波
羅蜜多甚深經典若諸有情能發無上正等
覺心聽聞般若波羅蜜多甚深經典諸餘有
情皆應頂禮所穫功德世間天人阿素洛等
不能及故尒時世尊知天帝釋心之所念即
便告言憍尸迦如是如是如汝所念
時天帝釋深心歡喜即取天上微妙香花奉
散如來應正等覺及諸菩薩摩訶薩衆既散
花已作是願言若菩薩乘諸善男子善女人
等求趣無上正等菩提以我所生善根功德
令彼所求無上佛法速得圓滿令彼所求一
切智智速得圓滿令彼所求自然人法速得

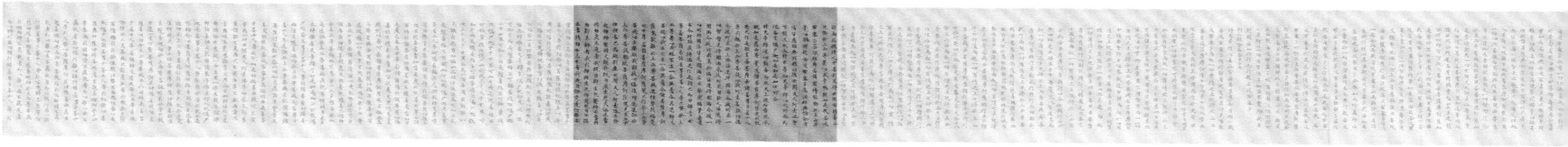

亦令所願疾得滿足作是願已即白佛言世
尊若菩薩乘諸善男子善女人等已發無上
正等覺心我終不生一念異意念其退轉大
菩提心我亦不生一念異意念諸菩薩摩訶
薩衆猒離無上正等菩提退住聲聞獨覺
地世尊若諸菩薩摩訶薩衆已於無上正等
菩提心生樂欲我願彼心倍復增進速證無
上正等菩提願彼菩薩摩訶薩衆見生死中
種種苦已為欲利樂世間天人阿素洛等發
起種種堅固大願我既自度生死大海亦當
精勤度未度者我既自解生死繫縛亦當精
勤解未解者我於種種生死怖畏既自安隱
亦當精勤安未安者我既自證究竟涅槃亦

亦當精勤安未安者我既自證究竟涅槃亦
當精勤令未證者皆同證得世尊若善男子
善女人等於初發心菩薩功德起隨喜心得
幾所福於久發心菩薩功德起隨喜心得幾
所福於不退轉地菩薩功德起隨喜心得幾
所福於一生所繫菩薩功德起隨喜心得幾所
福尒時佛告天帝釋言憍尸迦四大洲界
可知斤兩是隨喜福不可稱量復次憍尸迦
小千世界可知斤兩是隨喜福不可稱量復
次憍尸迦中千世界可知斤兩是隨喜福不
可稱量復次憍尸迦我此三千大千世界可
知斤兩是隨喜福不可稱量復次憍尸迦假
使三千大千世界合為一海若復有能取一

子善女人等所隨喜福無邊際故時天帝釋
復白佛言世尊若諸有情於諸菩薩功德善
根不隨喜者當知皆是魔所魅著世尊若諸
有情於諸菩薩功德善根不隨喜者當知皆
是魔之眷屬世尊若諸有情於諸菩薩功德
善根不隨喜者當知皆從魔天界沒來生是
間所以者何若諸菩薩摩訶薩衆求趣無上
正等菩提若有發心於彼功德深隨喜者皆
爲破壞一切魔軍宮殿眷屬迴向無上正等
菩提世尊若諸有情深心愛敬佛法僧寶於
諸菩薩功德善根應生隨喜既隨喜已迴向
無上正等菩提而不應生一二多想若能如
是速證無上正等菩提度脫有情破魔眷屬

是速證無上正等菩提度脫有情破魔眷屬
尒時佛告天帝釋言如是如是如汝所說憍
尸迦若善男子善女人等於諸菩薩功德善
根深生隨喜迴向無上正等菩提是善男子
善女人等速證無上正等菩提速能圓滿諸
菩薩行速能供養一切如來應正等覺常遇
善友恒聞般若波羅蜜多甚深經典是善男
子善女人等成就如是功德善根隨所生處
常為一切世間天人阿素洛等供養恭敬尊
重讚歎不見惡色不聞惡聲不齅惡香不
嘗惡味不覺惡觸常不思念不如理法終不遠
離諸佛世尊從一佛土至一佛土親近諸佛
種諸善根成熟有情嚴淨佛土何以故憍尸

迴向無上正等菩提能於無量無數無邊已
住初地乃至十地菩薩摩訶薩功德善根深
生隨喜迴向無上正等菩提能於無量無數
無邊一生所繫菩薩摩訶薩功德善根深生
隨喜迴向無上正等菩提由此因緣是善男
子善女人等善根增進速近無上正等菩提
證得無上大菩提已能度無量無數無邊諸
有情類於無餘依般涅槃界而般涅槃以是
故憍尸迦諸善男子善女人等於初發心菩
薩摩訶薩功德善根應生隨喜迴向無上正
等菩提於迴向時不應執著即心離心亦不
應執著即心修行離心修行諸善男子善女
人等於久發心菩薩摩訶薩功德善根應生

人等於久發心菩薩摩訶薩功德善根應生
隨喜迴向無上正等菩提於於迴向時不應
執著即心離心亦不應執著即心脩行離心脩
行諸善男子善女人等於不退轉菩薩摩訶
薩功德善根應生隨喜迴向無上正等菩提
於迴向時不應執著即心離心亦不應執著
即心脩行離心脩行諸善男子善女人等於
一生所繫菩薩摩訶薩功德善根應生隨喜
迴向無上正等菩提於迴向時不應執著若
心離心亦不應執著即心脩行離心脩行若
能如是無所執著隨喜迴向疾證無上正等
菩提度諸天人阿素洛等令脫生死得涅槃
樂

於意云何汝見菩薩摩訶薩等如幻心不善
現荅言不也世尊不也善逝我不見幻亦不
見有如幻之心佛言善現於意云何若處無
幻無如幻心汝見有是心能證無上正等菩提
不善現荅言不也世尊不也善逝我都不
見有處無幻無如幻心更有是心能證無上
正等菩提佛言善現於意云何若處離幻
離如幻心汝見有是法能證無上正等菩提不
善現荅言不也世尊不也善逝我都不見有
處離幻離如幻心更有是法能證無上正等
菩提世尊我都不見即離心法說何等法是
有是無以一切法畢竟離故若一切法畢竟
離者不可施設此法是有此法是無若法不

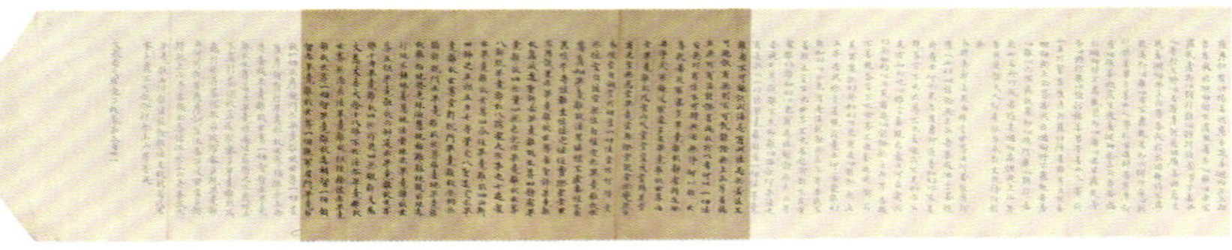

離者不可施設此法是有此法是無著法不
可施設有無則不可說能證無上正等菩提
非無所有法能證菩提故所以者何以一切法
皆無所有性不可得無染無淨何以故世
尊般若波羅蜜多畢竟離故靜慮精進安
忍淨戒布施波羅蜜多亦畢竟離故世尊內
空畢竟離故外空內外空空空大空勝義空
有為空無為空畢竟空無際空散空無變異空
本性空自相空共相空一切法空不可得空
無性空自性空無性自性空亦畢竟離故世
尊真如畢竟離故法界法性不虛妄性不變
異性平等性離生性法定法住實際虛空界
不思議界亦畢竟離故世尊苦聖諦畢竟離

竟離故四無量四無色定亦畢竟離故世尊
八解脫畢竟離故八勝處九次第定十遍處
亦畢竟離故世尊四念住畢竟離故四正斷
四神足五根五力七等覺支八聖道支亦畢
竟離故世尊空解脫門畢竟離故無相無
願解脫門亦畢竟離故世尊極喜地畢竟離
故離垢地發光地焰慧地極難勝地現前地遠
行地不動地善慧地法雲地亦畢竟離故世
尊五眼畢竟離故六神通亦畢竟離故世尊
佛十力畢竟離故四無所畏四無礙解大慈
大悲大喜大捨十八佛不共法亦畢竟離故
世尊無忘失法畢竟離故恒住捨性亦畢竟
離故世尊一切智畢竟離故道相智一切相
智亦畢竟離故世尊一切陀羅尼門畢竟離

智亦畢竟離故世尊一切陁羅尼門畢竟離
故一切三摩地門亦畢竟離故世尊一切菩
薩摩訶薩行畢竟離故世尊諸佛無上正
等菩提畢竟離故世尊一切智智亦畢竟
離故世尊若法畢竟離是法應脩亦不應壞亦
不應引甚深般若波羅蜜多畢竟離故不
應引世尊甚深般若波羅蜜多既畢竟離
云何可說菩薩摩訶薩依甚深波羅蜜多證
得無上正等菩提世尊諸佛無上正等菩提亦
畢竟離云何離法能證離法是故般若波羅
蜜多應不可說證得無上正等菩提

大般若波羅蜜多經卷第三百卌一

BD00861　四分律戒本疏卷四

沙門慧述

1026cm × 29cm

[illegible]畜生戒第六十一
形命，命事力有過貪生畏死雖簡人畜今乃侵害前境損惱事深招譏壞道是以聖
制故多論云三義故制一出家之人宜以四等爲心今反害加遠其慈道是非慚愧故二自壞
惱他正是生死根本鄣道之原三爲長俗敬息誹謗故　別錄有五一是畜生二畜生想
三有煞心四起方便五斷命已下正明戒本此戒文三段初略制以次隨開後乃廣結初因起
由跋難陀不喜見烏竹弓射居士譏嫌佛便制戒次明比丘起疑煞小虫畏犯提罪佛隨便開不
知无犯更廣制者　若比丘故煞畜生命者波逸提　此階是戒本文有四句一者犯人二自他煞
業三所害境界四違犯結罪　并相如中初句可知二三故煞者　律云若以自手斷若教他斷
若遣使若往來使煞乃至安坑陷煞若安刀著常行住處及以毒藥如是
餘作方便者皆是煞業三美畜生者律云不能變化者是所害境界四美波逸
遠犯罪句故　律云若作如上方便欲煞畜生若煞者犯波逸提方便欲煞而不煞者吉
羅　律云不犯者若不故煞或以瓦石及餘刀杖欲擲異處而誤斷命若營房舍失手
墮石而誤煞者若扶土墼材木之屬失捉不禁誤隨而煞乃至餘事但无害心縱死
者悉皆无犯　飲虫水戒第六十二　制意同上前戒約限分中制要斷命然後方犯
此戒爲護物命深防中制但使知水有虫飲用結罪不待命斷故分二戒又於此戒就飲得
提虫死別論　別錄有五一見虫水二虫想水三不作漉法四飲用五隨咽犯若重命斷則屬

視虫死別論 別緣有五 一見虫水二虫想水三不作漉法四飲用[illegible]
前戒若就俱是虫水无殊麁為一戒但以性惡故為重物命內外兩用分為二戒壞生種中若約
內外亦應兩分以避纏故且就生種无別生罪以因緣同故但合為一戒 已下正明戒本文如
前三一略二隨三廣 初因六群取雜虫水而共飲用居士譏嫌佛略制戒 次因比丘不知故飲畏犯
視罪佛開不知有虫雖飲无犯 廣制者 若比丘知水有虫飲波逸提
此[illegible]之戒本文有三句 一者犯人二所飲水三結罪 弁相者可知 律中初明犯罪輕重次辨境想四
句 初輕重者彼知是雜虫水飲用者犯提除水已若雜虫漿苦酒清酪漿清麦汁飲用
同犯 次境想四句者虫水想提有虫作无虫想吉无虫有虫想亦吉无虫无虫想不犯疑亦四句
漉水之法外用中以説故祇律云比丘受具要畜漉囊應法澡灌伽論畜使清淨聽畜物
覆瓶口 此律半由旬行不得无漉羅 五分聽半由旬无水囊行十律不持漉囊行廿里
犯若清流大河泉水從此寺至彼寺者得 祇云漉水亦得眼闇人看若有可信令漉若
无可信者自應漉若无漉囊用袈裟一角漉若知水有虫不持器繩借人若知漉用
應与若人問此水有虫不應答長老自得意觀厚熟言此中有虫當漉水用 律云不
犯者先不知有虫若作无虫想若有漉虫獨水使者若漉飲一切不犯
疑惱比丘戒第六十三 制意者凡出家所期標心處遠盡畢命專意崇道今望
弁六令他疑惱內心懷惑癈其正務事惱殊深見故聖制 別緣有五 一見大比丘間非
二作疑惱意三於六事一一説之四言辭了了五前人知不聞但使聞便得罪 下戒言少時
不樂者此就殊惱之意非謂要待前人少時不樂方始結罪 此戒總有三段 初因

不樂者生疑惑惱々意非謂要待前人去時不樂方始結罪　此戒總有三段初因
六群比丘惱十七群比丘故略制　次因餘比丘共集論法有一比丘退去心疑諸比丘言我作疑佛隨
制不故作者無犯後方制戒　若比丘故惱他比丘令須臾間不樂者波逸提　涉是戒本文分
為三一者犯人二惱他三結犯　第二相者初句可知第二云故惱他令不樂者律中文有其二先辨犯
生年等六惱亂々法次二者釋非爾所生令他起疑二云問年歲疑者亦爾三受戒生疑者問
惱方法此六々中初四舉受為疑下二舉隨為疑云六法者第為生第為年歲第為受戒
第為羯磨第為犯第為法次別釋者云生時疑者問彼生來幾時時彼答我生來爾所時
又云汝非爾所生令他起疑二云問年歲時疑者亦爾三受戒生疑者問汝受戒幾年不滿
比丈界內別眾四羯磨生疑者云汝受戒時白不成羯磨亦不成非法別眾五於犯生疑
者語汝犯初篇乃至惡說六於法生疑者語云汝問法者即犯初篇非比丘令他於
六事下生疑名為惱他第三波逸提者結罪分齊故律云若以生年等六事惱亂說而
了々者波逸提不了吉羅律云不犯者次第開前六事其實爾者謂前人實有此事
復作實利益彼意小欲為疑故五並云其事實爾還本處受戒者謂復本沙彌未受
々戒如法受戒故云還本處地一切不犯

覆藏麁戒第六十四

制意者凡出家
々人見他犯麁理須發露舉已內忍清淨亦令前人懲其後犯於我俱益眾法清顯理所宜
然今故相隱匿致令前人遂罪滋漫眾不可改自壞心行於我無潤損敗眾法是故聖制所
以制前小聽說為護外義恐生不信辱損佛法此為內護制不聽覆潔淨眾心防過
不起　別緣有七一是大比丘獨去十三沙彌等二犯麁罪除於下六三無壞眾義過復輕

不起　別緣有七一見大比丘羅去十三沙彌等二犯麁罪除於下六三无壞衆業四遮輕
微但犯小罪初二過重假傳治罰爲不發露无發治罰壞於衆法故所以重三知麁罪四
作覆藏心五不發露六无因緣下文无人可說等參說有令梵等難不犯故七明相出夜
犯　此戒因緣雖隨起過故制科段如上亦三　若比丘知他犯麁罪覆藏者波逸提
滿足戒文分三句一者犯人二知犯麁罪三覆藏結罪　弁相者初句知可二二云知犯麁罪者律
云若不知者无犯言麁罪者四棄及十三殘罪三三云覆藏得提者律云若知犯麁罪小食知
食後說吉食後知初夜說初夜知中夜說吉若中夜知後夜欲說衆未說明相出犯提
見者百千共覆一人俱得提罪　十誦注云向一人說便止祇云向善比丘說不得輒說若犯者惡
恐有難緣應念彼人行業自有果報猶如失火但自救身焉知餘事　多云疑未了不
須說他　除麁覆餘罪自覆罪除己覆餘人罪者並犯吉罪釋覆藏他麁罪彼我俱
損故重自覆麁罪但有自損闕无損他故輕　律云不犯者先不知不麁罪想若向人
說若發心向人說明已出若諸難緣者並闕

與年未滿受具戒第六十五

夫年滿廿者志幹成立情標處遠堪能持戒及忍其脩道進德有功成益理宜濟
度然年不滿者志性輕弱不耐衆苦遇緣退敗進道无由遠教損具損處不益是故
聖制　別緣有五一年未滿二知年未滿三與受具戒四作如上簡餘衆集五三法竟犯戒
因十七比丘起過故初略制次因餘比丘亦知年小滿廿乃與受具畏犯提罪佛隨開不知无犯後
乃舊制　年滿廿應受大戒若比丘知年不滿廿受大戒者此人不得戒彼比丘可訶癡故
波逸提　滿足戒本文分其三一先出年滿應與受具二出錯犯人三知年已下與未受具

波逸提　滿足戒本文分其三一先出年滿應与受具二出慈犯人三知年已下与未受具
違教結犯所以文言可得訶嫌故者本受戒時為欲得戒師僧有受法之益然知彼年減
不能發戒而彼為受徒營僧衆愚過之極事合可訶故不閑進否迷心壞法名為癡故
戒相者初句可知年滿廿應受大戒者律云若減年受具不堪寒熱飢渴風雨蚊䖟及
以惡言若身苦痛不能堪忍又復不能持戒及以一食若滿廿堪忍如上衆事并二言若並
可知第三句年不滿下並提已來總為犯句於犯句中文分為二初減年受戒心境相應不
相應明犯不犯想故律云有十六句以從和上四心位分故亦如知疑不知等見四心
也和上了了知年不滿故名為知未滿作滿想但観其想作於滿之意名之為疑猶預
不決名疑都无所了稱為不知僧緣彼境四心亦亦以僧四心對和上知心作四句對應棄
故總十六此十六中初三兩四和上犯提弟二弟四和上不犯僧十六中各初三吉二四无犯初
句和上正主復知年減情過不輕故四皆提僧非正主情過稍微知之与疑犯二吉羅弟
及不知无犯其受戒人雖有此言和上決知不滿故須和上錯心和上无犯僧二吉四吉
羅須和上疑心四提衆僧二吉問和上疑心應輕所以犯提答受戒人有情可檢何不妥詳
細檢取實然後受戒令壞疑惑法而与受具令不得戒惱他處深故制与知同　次犯
不知之四无犯僧二吉羅　問其受戒人答中言我亦滿而和上无犯耶答前人雖如是答
和上観无所知故无情過　弟二結罪輕重律云彼比丘知年未滿受大戒三羯磨竟和上
三吉白已一羯磨竟二吉及餘未白至集僧方便已來並犯吉羅　律云不犯者若先不知信受
信受戒數人言若傍人證若信父母語若受戒已疑聽數胎中年月閏月若一切[illegible]曰數

[illegible]
戒以爲年數滿者无犯其數法如大疏広説　發起四諍戒第六十六
制意者凡四諍〻〻興乖理違和惱乱傍衆脩德树理清除殄事怗輙使發起更增亟
纖助惡楊彼轉欲彌壞惱衆〻儀故所以制　別緣具五一是四諍事二僧如法滅輙使
發起五三章可犯此戒初因六群發諍开随制後乃広制
若比丘知諍事如法懺悔已後更發起者波逸提　此滿足戒本文分四句一犯人二諍事
三滅已四發起結罪　并相者初句可知二三事者律云諍有四種一者諍二覓諍三者
犯諍四者事諍三三諍如法滅者已律云如法如律如仏所教四三後更起波逸提者
律云為起他四諍三説〻〻即犯提罪説而不了吉羅除此諍發餘鬪罵者吉羅
為發既已諍若除二衆發餘人諍並犯吉羅　律云不犯者若先不知為觀作不觀想
為事實尔説三尔善觀為戲為錯並開不犯　与賊期同行戒第六十七
制意者斷姧禁非王者〻法既知賊伴与同行跡同賊相清白難分枉世譏醜過損非
輕故須聖制　別緣有七一是賊二知是賊三共結要四同一道行五不離見聞處六无因
緣下文逐行安隱命梵二難力勢所持等不犯七越界依犯下明戒文此戒初因比丘共賈
客私度不輸王税為守關人所捉將至王所罪應至死補王訶責放令歸處依仏略制
次因餘比丘不知為賊亦不期行後乃知畏犯仏随開若不知者无犯後広制
若比丘知賊伴結要共同道行乃至一村間波逸提　滿足戒本文分五句一舉犯人二知是
賊三結要四同行五結犯　并相者初二兩句可知三三共要者共要至城為至村四三
同行者律云村間處五三波逸提者違犯結罪故律云知賊伴同行至村間犯提若无

同行者律云村間處五夫波逸提者違犯結罪故律云和賊伴同行至村間犯提若无
村處共行至十里提若村間行半道突曠野減十里突方便欲去而不去者並犯吉羅
祇去与負債人行越　十五共惡比丘期行吉故增阿含說仏不与親違同眷乞食等
避惡人故律云不犯者如上列緣中開　惡見違諫戒第六十八　制意者欲見死生
根本鄣道之原既解口說身善為之之永輪生死鄣礙出道故不聽說欲非鄣道但
吒有倚故見出家二果由有欲事故見說令僧設諫欲使返迷從政因執不從違法撥法
僧見故聖制　釋名者違理承善稱之曰惡耶心究徹目之為見因執非僧故名違諫
具緣者通緣如上別緣有六一見惡見二屏諫　四如法諫五不肯從勸六三羯磨
竟即犯下明戒本　此戒曰阿梨吒惡見故制令僧白四諫突不從便犯
若比丘作如是說我知仏所說法行婬欲非鄣道法彼比丘諫此比丘言大德莫作是
說莫謗世尊謗世尊者不善世尊不作是說世尊無數方便說犯婬欲是鄣
道法彼比丘諫此比丘時堅持不捨彼比丘乃至三諫捨此事故突再三諫捨者善不
捨者波逸提　湯足戒本分文為五一諫所為事二彼比丘下屏諫方法三見比丘下非諫
捨者善不四僧衆設諫五不捨者結罪　弁相者同上但利吒執見審定而言此見真
實餘皆虛妄以心實故迷錯情翻見違諫故犯　開不犯者准罪名有異餘文同上
違諫戒　隨順惡見被舉比丘戒第六十九　制意者此人謬執說欲不障僧諫
不捨耶心成就若聽隨順前人謂已見為是轉增熾盛即是自他兩損故不聽隨
別緣有五一是惡見舉人二知是惡見舉三隨順同事四无因緣謂力勢所持及二難不

別緣有五一是惡見舉人二知是惡見舉三隨順同事四無因緣謂力勢所持及二難不
犯故五隨所同事下結罪　下明戒本此戒因六群隨順利吒供給所須共同羯磨故制戒
初略次隨後廣類知　若比丘知如是語人未作法如是邪見而不捨供給所須共同羯
磨止宿言語者波逸提　諸呈戒本文分四句一緣犯人二知如是下明正惡見舉人未捨
未解第三共事食宿四結罪　釋相者初句可知第二句中文有四節一如是語人者見惡
人也作如是語言我世尊說法行婬欲者非障道法二未作法者為被舉而未為解
三如是邪見者謂惡見說欲人作如是見知世尊所說法非障道法四而不捨者眾僧
訶諫而不捨惡見拒逆僧諫第三句中初言供給所須者為法為財言法者教誦習
增上戒定意知學問誦經財者供給衣服飲食床褥醫藥二言共同羯磨者同一說
戒羯磨等三止宿言語者所宿屋相成就如上言語為先後入為同入所語皆犯第四言
波逸提者遠犯句律云若與此人同室宿隨脇着地一一犯提准戒本若共同事一一皆提律
開不犯者若不知若屋相不成就若病若命求難緣雖同止宿言語一切不犯
隨順被擯沙彌戒第七十　制意者同上別緣有五一見被擯沙彌二知是三同事四止宿五無
因緣既者二難力勢等五隨事結犯　下明戒本此戒六群誘將畜養被擯沙彌故制此戒
廣略緣亦有三種　若比丘知沙彌作如是語我從佛聞法若行欲婬非鄣道法彼比丘
諫此沙彌如是言汝莫誹謗世尊謗世尊者不善世尊不作是語沙彌世尊無數
方便說婬欲是鄣道法彼比丘諫此沙彌時堅持不捨彼比丘應乃至再三諫令捨
此事故乃至三諫而捨者善不捨者彼比丘應語此沙彌言汝今已去不得言佛
是我世尊不得隨逐餘比丘如諸沙彌得與比丘二三宿汝今無是事汝出去滅去

是我世尊不得隨逐餘比丘，如諸沙彌得与比丘二三宿，汝今无是事，汝出去滅去
不應住此。若比丘知如是衆中被擯沙彌而誘將畜養共止宿者，波逸提。此滿足
戒文分五句：一犯人，二前沙彌下正明說欲不障道諫，即牒上諫五句：一說欲不鄣諫，所謂
事，二彼比丘不屏諫，諫輒文二：初謂莫說欲，故言莫謗等，二世尊不作已下顯仏教說
障釋成諫意，三彼比丘桓屏諫，四彼比丘下僧諫，五不捨者執見心。以第二彼比丘應語下
正明法治擯，即牒上擯治言三宿者，明未出已還，故曰三宿。无上二三同宿事，故曰无是事
汝出去滅去下釋成擯治，第四若比丘下隨順起過，文三：初舉能犯人，二知如是擯治沙彌，三而誘將
已下同事止宿，第五結犯。并相者，初句比丘義如上，二言說欲沙彌說欲不鄣道是所擯
之人，三言三宿者義如上，四言若比丘知被擯沙彌擯者，僧作滅擯白四羯磨言，而誘將畜養
者，律云若自畜若与人畜，誘者若自誘若教人誘。五言波逸提者是違犯句，故律云
若与被擯沙彌同室至宿，隨轉側一一犯提。律開不犯者，若先不知，若比丘先至宿
擯者後至比丘不知，若房相似，若露地，若病發到地，乃至命梵等難，雖同宿不犯
拒勸學戒七十一　制意者，凡行不自成，必須訓道方能策進，為趣道益，故善知識
者入道之良緣，狀以癡心陵慢勝悔，如法勸諫，理應順奉，假說異求，不肯承受，即是
內无進脩之識，復无從善之意，自懷輕慢，是故聖制。　別緣有五：一前人如法諫道，二輕慢
諫者，三蒙言不從訓道，四因无緣詳為知為學故難問，无罪，五言辭了了便犯。　此明戒本
戒因闡陀不受餘比丘如法諫語，故仏訶制。　若比丘餘比丘如法諫時，如是語：我今不學
此戒，當難問餘智慧持律比丘者，波逸提。若為知為學故，應難問。　滿足戒本文分
[illegible]一人二[illegible]言前人[illegible]去諫功三不受諫罪四明不受之過為學為知故應反難當

為四一者犯人二者前人如法諫勸三不受持罪四聞死不受之懲為學為知故應反難當
定 并相者初可知二言餘比丘如法諫者律云如法者如法如律如佛所教三言我今不學
當難問至持已來是不受持罪句四言若為學故應難問者是開文故律云若狂勸不受
諫者犯持言辭不了犯者 律開不犯者彼比丘癡不解数汝還問和合阿闍梨汝可更
學問誦經若其癡亦者謂前勸非理更為勝海所以無違
毀毗尼戒第七十二 制意者共戒衆善之本滅惡之原越生死之良舟趣涅槃之正路理
宜讃美令彼修學使戒法興顯千軍不墜今反毀呰乘人心使不誦習致令正法於淪
滅敗損非輕所以須制 別緣有五一是毗尼二前比丘誦毗尼時既者未誦時訶誦竟訶
犯小罪故示三作滅法之意四發言呰毀五言辭了之犯 已下正明戒本此戒因六群故制
若比丘說戒時作如是語大德何用說此雜碎戒為說是戒時令人惱愧懷疑輕
訶戒故波逸提 滿足戒本文分二句一者犯人二前人誦時三作是語下毀呰結犯
并相中初句可知第二句言說戒時者 律云彼若自說戒時若他說戒時若受誦戒時弟
三句中文有三節一言何用說此雜碎戒為明毀不誦習律云作如是語言若欲謂者
當誦四事若必欲誦者當誦四事十三事餘者不須誦何以故二言說戒時令人惱愧
懷疑此釋前毀意謂令人惱愧疑故三輕訶戒者故波逸提者鄭過故結罪 律云若
如上毀毗尼者下犯提多論若誦篇中一戒訶言雜碎者犯一提罪如是一一戒得一一提
若通言何用四事戒為正犯一提若誦戒序雜碎亦得罪問戒序非戒何故得罪答
序中通說二百五十戒義故若訶序者即是通訶一切戒是以得提又隨諸經中有毗

序中適說二百五十戒義故名詞序者即見適道一切戒見以得脫又隨諸經中有毗
尼相毀者亦犯輕罪若毀阿毗曇及餘經者犯吉羅以毗尼重者多云有四義故重
一戒是佛法平地萬善由之生長二一切佛弟子皆依戒而住三是趣涅槃初門若無戒即由
涅槃城四佛法瓔珞莊嚴能法具斯四義切強於彼故毀罪重餘無此義故以輕此謂小乘契
經名毀大乘其罪重　律開不犯者若言先誦毗曇後誦戒律先誦契經後誦律呂若有病
者其須差已自然誦律若勤方便得四沙門果後當誦律不欲滅法故名疾若營者
獨名鐵諦者並皆不犯　不攝耳聽戒第七十三　制意者凡解不孤起
要藉諸解聽方能開曉心懷識達非犯相輕重順教奉循有出道之益今反癡心
急墮不肯聽法迷於聖教事等面牆動成滯导莫由進道輕慢法失利處深故須聖
制　別緣有四一是說戒時二身在說戒衆中坐三作不聽之意四說過五篇使犯已下述
明戒本此戒因六群比丘起過故制　若比丘說戒時作如是語我今始知此法入是戒經
半月半月說戒經中來餘比丘知是比丘若二若三說戒中坐何況多彼比丘無知無解
若犯罪應如法治更重增無知罪語言長老汝無利不善得汝說戒時不用心
念不一心兩耳聽法彼無知故波逸提　此滿足戒文分爲三一者犯人二說戒已下自言始
知三餘比丘下證其久知結罪　辨相者初句可知第二言說戒者　律云若自說若他
說時若他誦時後言始知准他說方有不攝耳第二言餘比丘知下久知句中
若實久知而言始知犯妄語提若也本來無知無解者無妄語罪便有攝耳聽法
罪由不聽故不識戒相故曰無解以無知故遇緣起過自壞心行故曰若犯罪如法治
不以無知得脫以識事故言應更重增無知罪者根本罪上緣而不了復犯無知之

不以无知得脫以識事故言應更重增无知罪者根本罪上緣而不了復犯无知〻罪故曰重增不能生善益己故曰汝无利重加无知故曰不善得等所言說戒時不善用意一心聽法无知故重与提罪者非但无知故犯根本罪由先不聽故生二罪〻外復有不攝耳罪故言重与罪提故祇律云隨中間一〻不聽小罪一切不聽越罪律云比丘受已應誦二部毗尼不能者乃至廣誦五篇若布薩時應誦五〻篇乃至四三二无者乃誦一篇及偈餘比丘不得坐禪作業應專心聽不者犯墮 律明不犯者若未曾聞說今始聞廣說今始聞若戲笑說若疾若錯語者悉皆不犯

同羯磨僧物与知事已後悔謗僧戒第七十四 制意者僧物共有衆情非一既詳和作法賞知事人已輙便悔及謗僧隨愛而与眈動群情喜生諍競逆相苦惱不得安樂脩道故制斯戒 別緣有四一是僧物謂得施物二同作羯磨賞知事已三輙便悔及謗僧隨順四言辭了〻便犯下明戒本此戒本者要知僧事衣服破壞僧賞衣白二与〻六群後悔佛因制戒 若比丘共羯磨已後如是言諸比丘隨親厚与衆物者波逸提此第之戒本文分三句一者犯人二同法賞人三後悔謗僧故結罪 并相者初句可知二言同羯磨已者衆和作法賞知事人已三言後如是下於中文三一言隨親厚律云親厚者同師同意起坐談同故曰二言衆僧物与者律云僧物者是僧得施物非常住師僧物若以常住物賞知事者受与俱獲罪 祇云僧物者衆中分物僧伽梨等十云僧衣物衣鉢針筒座具下至飲水器三言波逸提者還犯句律文云若賞已後謗者言可犯提不了吉羅律明不犯者其事實尔隨親厚以僧物〻若戲若夢若錯說等

不與欲起去戒第七十五 制意者如法僧事理宜祥遵許无乖隔今僧作法輙便捨去心不和同鄣导僧事惱衆非輕是故聖制 別緣有五一

无乖隔今僧作法輒佽撿去心不和同鄣导僧事惱衆非輕是故聖制　别緣有五一
是法僧事二知如法三不与欲四輒起去雙脚出戶便犯　下明戒本迭戒曰六群故制
若比丘衆斷事未竟不与欲而起去者波逸提　迭滿足戒文分三句一者犯人二僧作
法三不与欲而去提罪　弁相者初可知第二句言衆僧事未竟者々　律云僧者一說戒
一羯磨事十八破僧事法非法乃至說不說第三言不与欲而去波逸提者是遠犯分
齊　律云僧事未竟輒起動足出戶犯提一足在內一足在外欲去而不去犯吉　祇云
若大小行須臾還不廢僧事无罪　十云若大小便不搽見聞處不名離衆搽見
聞離衆准如斯文若正作法不得行来有竟未竟中間動足往来者可如上說五分云
法事者三羯磨應与欲而去不示者隨出一一提罪若不羯磨稱屏斷事一一吉羅
若沙称起去亦吉　律開不犯者若与欲去若為非法羯磨若為僧塔和上闍梨同
學作損減不与而去者一切不犯　与欲已還悔戒第七十六
制意者凡如法僧事理宜順可先与欲已兄踏同徒以偏私之情輒便悔反說言不
成相朋黨法惱衆不輕是故聖制　别緣有四一如法羯磨　如法与欲三輒便棖後悔說
言不成四言了即犯下明戒本此戒因六群故制　若比丘與欲已後悔者波逸提
滿足戒本文有三句一者犯人二與欲已三悔而便犯　弁相者初句可知二言與欲已者律
云僧欲與六群作衣故与如法欲三言後悔波逸提者　律云言悔者作是言汝
等作羯磨非羯磨不成我以彼事故与欲不從事說了了者提不了者吉多論
若僧作法羯磨當時力不族搏點然不可剋後言不可无犯若順法毗尼者墮

若僧作法羯磨當時力不能轉默然不可訶後言不可無犯若順法比丘者墮吉
不制者　律云不犯者其事實尒非法羯磨不成故悔若錯者並開無犯
屏聽四諍戒第七十七　制意者凡公言則理顯屏言隨情令徐行竊步盜聽彼說
傳於彼此情存鬪亂過是不輕是以聖制　別緣有五一先起四諍事二前人許量三作鬪亂彼
意四往彼盜聽不令覺知五聞語便犯　下明戒本此因六群聽諸鬪諍而向彼說令僧諍事不能
除滅故佛制此戒　若比丘餘比丘鬪諍已聽此語向彼說者波逸提　滿足戒本有三句一者犯
人二先共鬪諍三屏聽結罪　釋相中初句可知二言共鬪諍者　諍有四種言覓犯事等如下
處說三言聽此語向彼說者是屏聽他語律云若屏聽彼說從道至非道從非至道從高
至下從下至高往而聽者便犯墮罪不待向說　問故何聞便結罪不待向說　答意欲
鬪亂故聽時結罪若說犯者即墮兩舌戒不在此說　律云若二人闇地共說隱處共說前
在道行共語若不彈指謦咳驚者吉羅　不犯者若作無利羯磨為僧塔和上闍梨
親厚知識作損減故欲知而往聽者並開無犯　瞋心打比丘戒第七十八　制意者凡出家
之人理須忍辱堪耐惱緣今乃內懷瞋忿加打前人自壞心行惱逼前境過惱非輕故須制也
別緣有四一大比丘二瞋心三作打彼意四著便犯　下明戒本此戒因六群中一比丘瞋心打十七群中一比
丘故制此戒　若比丘瞋恚故不喜打比丘者波逸提　滿足戒本文有三句一者犯人二瞋
心打三結犯　釋相中初句可知二言打者　律云若以手若以石杖打三言波逸提者是遠犯羅
句故律云若肩若打棒持戒破戒及犯重比丘者悉犯提羅若除手石杖以餘戶鑰曲鉤拂柄香
爐柄挃者一切吉羅　十云如杞沙立教衆多比丘隨者一一墮伽云欲心打女僧殘　祇云若惡罵
馬牛羊來入塔寺觸突形像壞花果樹得以杖打木石恐怖令去不得打銘畜生一一吉羅檢諸

馬牛羊來入塔寺觸突形像壞花果樹得以杖打木石恐怖令去不得打殺畜生下吉羅檢諸
經律無為訓治故開比丘行器杖者末代法、見有用杖器皆是滅ゝ相故大集云若俗若道
若僧打破戒無戒比丘者罪重出万億身血何故以能示人出要道乃至涅槃故　律開不犯
者若有病須椎打食咽椎脊若共語不聞而觸令聞若眠時以身委地上若來往經
行時共相角若掃地時若杖頭角者一切無犯　手傳他比丘義弟七十九
制意同前戒限分中制打着則犯此戒深防中制手擬便犯不待打着若著前戒攝　制緣
有四一是大比丘二生嗔心三作傳意四手擬便犯下明戒本此戒犯緣如上　若比丘瞋恚故
不喜以手傳比丘者波逸提　滿足戒本文有四句一看犯人二已手傳他三犯罪　弁相中初句可
知二云以手傳者若一手若兩手傳是三云波逸提者遠犯結罪故律云若以兩手傳彼者犯
墮若以戶籥等擬者吉羅伽去舉手向眾多比丘得提　律開不犯者若他欲打舉手遮若
為來若賊若惡獸來持刺來舉手遮一切無犯若度水若泥處過相近舉手若招喚餘比丘
角手故無犯若被不聞手擬令聞乃捉擬並開無犯　無根僧殘謗戒第八十
制意犯意緣與謗義戒同唯輕重有別　此戒因六群嗔心以無根殘謗十七群比丘故佛制戒
若比丘瞋恚故以無根僧殘謗者波逸提　滿足戒本文有五句一看犯人真恚心三無根四舉
殘法謗人五結犯　弁相中初句可知二云真恚者　律云十法因緣故嗔隨一一事生嗔者　祇云三世
九惱通非情處起嗔是名十惡因緣三云無根者律云無根有二不見不聞不疑等是四言
僧伽婆尸沙者是謗人之法五言波逸提者遠犯結罪　律云若嗔故以無根殘法謗前人言了
犯隨不了吉羅　律開不犯者有三根說實令悔不謗誹若戲笑等一切不犯

犯隨不了吉羅律開不犯者有三根說實令隨海不誹謗若錯說等一切不犯

突入王宮戒第八十一　凡王者自在情多奢縱婚禮無時容相逼斥故此慚愧理非所宜又復王宮采女艷色豐美動動亂人心容生染著自懷心行過在匪輕是故聖制　別緣有五一是剎利王二王与夫人同在一處三王未出未藏寶四無因請有奏白被請諸難等不犯五突入宮门便犯下明戒本此四首戒制　若比丘剎利水澆頭王種王未出未藏寶而入若過宮門波逸提　滿足戒本文有四句一者犯人二剎利王三王与夫人同在處四突入犯　弁相中初句可知二云剎利水澆頭王種者　律云水澆者取四大海水白牛右角收拾種子置金輦上使諸小王輦大婆羅門以水灌頂是剎利種如是立王故得名也若婆門毗舍守隨亦名灌頂三云立王未出者律云王与夫人同處未出婇女未還本處未藏寶者　律云未藏女在宮此未使[若過]名未藏寶四云而入宮门波逸提者是遠犯結罪輕重有二一雙脚入门即犯提罪若一足入吉羅五分入王宮雙脚過提隨入近遠步步提罪若入灌頂王門提入粟散小王豪貴長者門限吉羅律云不犯者若有奏白請喚若王已出婇女還本處七寶藏舉若力勢將去乃至命梵等難並開不犯

捉遺落寶戒第八十二　制意者然寶物利重人情多貪既遺落在地事是難近雖好心拾取欲還主致彼疑謗清濁難分莫能自拔又復既取此物容生盜心臨危事嶮行非高即賊損不輕是故聖制　別緣有五一是遺落物二是寶及寶莊飾具三非藍內及寄宿處四無盜心為欲還主五捉取便犯　下明戒本初因外道忘金豎持還外道便云金少王對論奪入宮佛便略制不聽捉次因毗舍佉母藍中遺落瓔珞佛聽比丘自捉收隨續聽藍內取後因比丘至無住處為存寶處宿竟夜不眠恐失寶物故

比丘自捉使随徒聽藍内取後因比丘至无住處為存寶處宿竟夜不眠恐失寶物故
仏略(制)聽此式　若比丘寶及寶莊飾自捉教人捉除僧伽藍中及寄宿處波逸提若在僧伽
藍中及寄宿處捉寶寶莊飾自捉教人捉當作是意若有主識者取作如是因緣
滿足戒本文有五句一犯人二所捉寶三捉業四開緣五結犯若比丘下辯前第四除藍等句
弁相中初句可知二云寶及寶莊飾者明所捉遺寶律云寶者金銀等七寶云寶莊飾者
銅鐵鉛錫以諸寶莊飾三云自捉教人捉者明能捉捉業四云除除藍及寄宿處者
明開捉无犯問所以聽藍内及寄宿取不犯者荅若不取者脫有異人將去猶不免譏謗
是以聽取待主認當還以息譏過故亦五云波逸提者明違犯　律云若藍及寄宿處捉寶
者應識囊器相數知多少若有來者問相應者与不相應者云我不見若二人來索云俱
同者持物著前任各將去若不知囊器裹繫相不看方圓雜故者吉羅非此二處捉捉
多云若似莊嚴具捉者吉律開不犯者若二處是供養塔寺莊嚴具為牢固故捉不
犯謂无淨人處開若有淨人自捉夕犯　祇律云若遺落物金等无人來取至三年聽隨三
寶分中得處當眾分用十五過十六年四方僧用五分十二年不取者集僧平價作四方僧
用後來索者出僧物價　　非時聚落戒第八十三　　制意者凡出家脩道理无
遊散時為濟命事須往反既是非時无緣而入防廢脩道招致譏醜損處不輕所以須制
別緣有五一是非時分二向白衣村三无啓白諸喚諸難等因緣四不屬授五入門依犯　下明戒本
跋難陀入村与居士樗蒱得勝居士慳嫉故譏嫌仏因此制不聽非時入村次因塔病患因緣隨
開屬授後乃存制　若比丘非時入聚落不囑比丘者波逸提　此滿足戒本文有五句一
犯人二非時三入聚落四不囑授五結罪　弁相中初句可知從中後至明相出未三云聚落

犯人三犯時三入聚落四不囑授五結罪 [illegible]
者聚落四種文如上釋四云不囑比丘者不行詣法五云波逸提者是遠制得罪　律云欲
入村不囑者入村門即犯提罪若三寶事故欲入而往處元比丘可囑元罪若獨處元
伴白者四衢見處白又元者發心而去不犯　智論云一切白衣舍皆名聚落唯寺
內淨人房院何謂不白　十云若人入尼寺須白入蘭若及本處元犯　多云若先不白見
異寺比丘元犯　多論謂白同戒威儀者不同戒非威儀不合若一足入已便方却還吉羅
律不犯者道由村過若有所啓白若喚若請皆不囑授直往若有三寶緣眷病緣
開囑而去　　過量床戒第八十四　　制意者高床長慢理所宜事須依法不容限過
則長貪遠返聖教故制不聽　別緣有五一是床二為己作三過量四自作使人五成便犯
已下明戒本此戒因迴留隨義制　若比丘作繩床木床足高如來八指除入陛孔上截竟
若過者波逸提　　銷文戒本文分二句一犯人二立法限量三截竟已下過而結罪　弁相中初
句可知二云作繩床木床者　律云床有五種如上所明云高如來八指者一指二寸當一尺六寸三
云截竟過者波逸提犯句　律云若自作過量床及教他作者成犯提不成者吉　祇云僧床
無犯若施主嫌者木筒穿脚埋之乃至截脚若還支脚無犯隨坐起一一得提若俗家高
床不犯若下濕處用楯木支脚得　十云截竟僧中捨罪上開支脚木用人八指量長床極小
容四比丘坐處臥床過三肘除歲共坐若滅不得共坐　律云不犯者去地八指若減若他施截
而用若脚脫者皆不犯　　兜羅綿貯褥戒八十五　　制意以多生細小諸虫用損物
遠相應道所以不聽　別緣有五一是兜羅綿二貯繩床三為己四自作教人五成便犯
已明戒本此戒因六群兜羅綿貯褥居士譏嫌故佛制戒　若比丘作繩床木床大小褥

遠相應道同一文則　另[illegible]
正明戒本此戒因六群兜羅綿貯褥居士譏嫌故仏制戒　若比丘作繩床木床大小褥
成者波逸提　隨足戒本文分三句一犯人二貯褥三結罪　弁相中初句可知二三文兜羅綿者律
云若依此貯褥成者吉羅　十律云此上二戒隨坐坐提罪　五分云應先棄棉然後悔過律云不
犯者諸草葉芻毛氀劫用貯木犯　作骨牙角鍼筒戒第八十六　制意者以其累
物用功堪重事無多益勞數若發敷度積家業招致譏過故須聖制　別緣有五一牙
角二作針筒三爲己四自作使人五作成便犯　下明戒本此戒因工師爲比丘骨牙角鍼筒因此
廢業無復衣食世人譏嫌仏故制戒　若比丘角牙骨角針筒刳刮成者波逸提　此隨足本文分爲三一者犯人二作針
筒三者結罪　弁相者可知律云若骨牙針筒及教人作成者墮不成者吉　多云應打破然後
懺罪　五分云應棄若反還主不受芻与他主生惱若入僧則非法故須毀棄　又尼多在寺
不善遊行作作義希但犯小罪　律開不犯者芻筒鍼鉐錫白鑞竹木葦舍羅草等用作箴
筒不犯若以牙角作錫杖頭標纂芻作傘蓋子斗頭鏍纏蓋斗芻作曲鈎刮舌刀如意
紩切札杓鈎鉶眼桿刮汗刀橛齒物挑耳桿禪鎮熏鼻筒一切不犯
過量尼師檀戒第八十七　制意者然信施施物用宜應法趣得遮障資身便穩今過量
而作長己貪求外損信物作無用用貴經營廢道遮累處深是以聖制　別緣有五一
尼師檀二爲己三自作使人作四過量五成即犯　下明戒本此戒因譏僧坐具故聽畜後因
六群過量作故仏便廣制　若比丘作尼檀當應量作是中量者長仏二磔手廣一磔半
更增廣長各半磔手若過截竟波逸提　此隨足戒本文分三句一者犯人二出量數數法
廣狹長矩三過作結罪　弁相中初句可知二三文應量者仏磔手五分長二尺長中五尺

廣狹長短三過作結罪　弁相中初句可知二三云應量者仏搩手五分長二尺長中五尺
廣〃中四尺是名應量二三云過量規者律云必互長及俱長過者並犯提罪若作不成犯吉對通明
尺量理應如是但目迦西各增半搩式本別增人有或翻要續此義不尒　律中長四尺廣〃三
尺更各增一尺此是定量　律開不犯者若應量作及減量若從他得已成者截割如量若
兩重者不犯　過量覆瘡衣戒第八十八　制意者同前別緣有五一是覆瘡衣二為
已三自作使人四過量五成即犯　下明戒本初因比丘患瘡行僧臥具膿大貫衣覆瘡
上著但壞僧次因廣大作故後公隨制　若比丘作覆瘡衣當應量作是中量
者長仏四搩手廣二搩截竟過者波逸提　簡是戒本文分三句一者犯人二者尺量
三過結罪　弁相中初句可知二三云覆瘡衣者　律云有種〃瘡病持用覆身護唾
三云尺量者長八尺廣四尺三云過者波逸提　律云若俱過若手減自作教成者犯墮不
成犯吉羅為作五示尼等吉羅　十律云瘡差後乃至日斎者犯提　律開不犯者如前戒
過量雨浴衣戒第八十九　制意同前別緣五〃唯幹殊為異　下明戒本此戒因六群故制
若比丘雨浴衣當應量作是中量者長仏六搩手廣二搩手半過者截竟波逸提
簡是戒本文分三句一犯人二尺量三過結罪　弁相中初句可知二三云雨浴衣者　律云諸比丘
著在雨中洗浴三云量者長丈二廣五尺三云三過作波逸提者是違犯罪名犯相開緣如
上故不煩釋　問何以此中上二下一尼禮犯輕過量雨衣与僧同犯其義何也　答雨衣外用女
人穢形即醜相外彰善廣長作故同犯提餘〃三戒隨身著用尼好小過希故輕
過量三衣戒九十　制意同前別緣有五一作三衣二為已作三自作使人作四過量五成便

過量三衣戒九十　制意同前別緣有五一作三衣二為已作三自作使人作四過量五戒体
犯緣曰雖隨矩仏四相比丘遙見謂奉迎至乃知非各懷慚愧仏制雖隨著里衣故
制斯戒　若比丘与如来等量作衣或過量作者波逸提是中如来衣量者長
仏九搩手廣六搩手是謂如来衣量　溺足戒本文分三句一者犯人二衣量過三犯
罪是中已下謂前第句二　并相中初句可知二三文如来衣量者四分云長仏九搩手
廣六搩手是　多云仏量丈六常人半之衣廣長皆應半也　三三文波逸提者過量衣
故而犯提罪　律云若廣長俱過互過悉犯提罪餘不犯者如前戒　問上三戒依仏
搩手定其量限此三衣戒所以随己身量不定者何解云餘〻三戒非是沙门道
服外儀随其大小皆得受用故定其量數此三衣戒是三世諸仏道服〻標異依仏手定
其量限者人有小大皆不稱體成儀醜惡故随己身量稱形故亦以衣不定故得与仏
等量戒餘三定故更无等過〻義　諸大德我已說九十波逸提法是中清淨
不問　諸大德是中清淨默然故是事如是持　此句問前本中戒中清淨不初合聽此問持義後結問法
諸大德是四波羅提提舍尼法半月半月戒經中来
此明第四篇初標舉次随文釋後门清淨此是標舉於中分二初總明後別解釋就初分七一明来
意二釋名三解置所由四次第〻相四遠制不同五持犯方軌六自分勝進七二部同異初
来意者上篇雖明威儀若不離譏嫌進道莫由是以須明離譏過行西音波羅提
提舍尼此名向彼悔故下文云我今向諸大德悔過是名悔過法又可名為可訶法是文云

樓舍尼此名向彼悔故下文云我今向諸大德悔過是名悔過法又可名為可訶法是文云
我犯可訶法不應為故　第二明置四所由者凡起譏過有二眷屬一内眷屬二外眷屬内
中有二過若於屏處及以衆中初式於屏起過比丘与尼黑眼是同而易女相別影在聚
落自手取食容生染汙招譏損道對離斯過故制初式若於衆中偏心指食受跡涉曲私
嘿受不訶於衆不顕對遣此過故制第二外眷屬中就聚落蘭若二處以興譏過謂學家
過受令他殷竭招世譏嫌對離此過故制第三蘭若起者懈怠迴嶮安坐受食致賊角单嫉送
食婦女招譏不輕對離此過故制第四始末若別有斯四益第三明次第〻相者内衆親情
又是師義善起此過故在先明俗人外衆致犯義希故在後就内衆中私屏為數衆中
見希故有先後〻別外中聚落善犯蘭若不數須此〻宜理所然矣　第四明遠制〻不同者四
第二式遠傳制得罪此學家羯磨無人乞是仏教諸比丘作此羯磨然仏不自秉若諸比丘
未為作學家羯磨無傳制可遠受食無罪由傳依法制不聽往受方有罪此罪由傳作法而生
故曰遠傳制得罪此制不異仏制随人異故自餘三式感遠仏制無傳制可遠　五明持犯方軌
者此四戒中二四兩式具二持犯言持者若見尼指受心而不食即是心持若見事時即順
聖教作法而訶大姉且止身業食持不生罪過名曰作持此〻二持名雖俱別二犯者若
見過不訶食便得罪此罪由心而生故曰心犯雖心不訶多身業不見无此心犯復由身
業食而生名為作犯望前名心望後為作此罪雖一而名有異又可二持互見雖一名別如作
法訶名為作持以其訶故雖食无過反前作犯豈非心持第四蘭若心而不食名為心持若
順聖教語云擅越莫送食来而施主知故復送来雖食无罪名為作持二犯者不語擅越名為
止犯而受食……

順聖教誡云檀越莫送食來而施主知故復送來雖食無罪名為作持二犯者不諳檀越名為
止犯而受食〻即是作犯餘〻二戒止則是持作即是犯第六明自分勝進者前〻三戒自分行中以
離譏過第四一戒勝進分中以離過第七卌二部同異者尼並吉羅物是希故隨事論〻至文中釋
在白衣家從非親里尼自手受食戒第一　制意者大僧上尊尼是下衆敬上情慇所有
飲食皆悉捨施〻意不籌量得便受〻致彼飢困廢脩道業又復非親容生深患招致譏
醜損壞非輕所以須制　別緣有五一在俗人舍二是非親尼三無因緣四自取食五食方犯
下明戒本初戒制因蓮花色比丘尼乃至三日〻食並与比丘遂餓在道面奄泥臥俗人譏嫌仏便
略制次因從親及病緣不敢從受仏隨開三緣後乃定制　若比丘入村中非親里比丘尼
若無病自手取食〻者是比丘應向餘比丘悔過言大德我犯可呵法所不應
為我今向大德悔過　湯是戒本文分四句一者犯人二村中從非親尼三無病自受食〻
四是比丘違教結罪　弁相中初兩句可知第三三無病自手取食者律云病者不能一坐
飽及至脚樺開受問所以除親及病者答上共坐同船等外相不練譏患無殊故親亦犯此中俗
人家內情相委練賓親無譏故開病人若惱不容生過為濟命故亦開置地遣人表敬相不絕
無譏故聽云食者正非正二種如上四云是比丘乃至名悔過法明違教結罪隱其胡名就漢稱結
罪故曰悔過法故律云若自受食咽〻犯　五分云在菴中犯家內不犯若尼從僧吉取尼得吉
者天僧上尊自手与尼義希彼受非數故但吉羅及下二衆亦吉　律開不犯者若尼親若
僧病若置地与使人受若藍中若村外與受但不犯
在白衣舍偏心指授食戒第二

僧病若置地与使人受若蓋中若杓外與受作不……

制意者凡衆貴清美不容穢跡然今此尼以偏私々情於衆中越次指授似成曲私汙

辱處深大衆覩其過嫌受不訶即表衆心不淨容隱惡人故制舉衆並不聽食 別緣有

四一是白衣舍二偏心越次授食三大衆嫌受不訶四訶々結罪 下明戒本此戒因六群与衆

多比丘白衣家食時六群尼索食越次与六群比丘故制 若比丘至白衣家內食是中有比丘

尼指示與某甲羹與某甲飯比丘應語彼比丘尼如是言大姊且止須諸比丘竟者是比

丘應向餘比丘悔過言大德我犯可訶法所不應為今向大德悔過是名悔過法 蕩是戒本

文分四句一者犯人二白衣舍越次指授三比丘應語下以教比丘作訶心四比丘下不訶結罪

并相類知問所以不開親及病者答既是衆中偏心授食招過无殊故親々与病皆合訶令

嫌受不訶舉過情過故不開 四分云若不訶而食咽々犯 五分云第一上坐應訶不用語者乃至

嫌受戒者亦得祇云三訶不止食者无犯 十云若二處僧別坐別食互須別問已勅未々者

不得食 後坐比丘亦不 比丘尼吉羅者大僧指授与尼義希致受不數又復下衆訶止義難

情過是發故得輕罪律開不犯者若訶止若尼自為檀越若白衣令尼處分若不

故作偏為彼者一切不犯 學家受食戒第三 制意者凡受施之法宜自限量不

容過分今此學家見諦弟子於三寶所乃至身肉不惜然此比丘竟不籌量前人有无

取受即令彼罄竭因稲致困生外不信又現受者貪取過度心无慈愍令僧制遮護知而故受

事是无理是故聖制 別緣有五一見夫妻俱得見諦手得不犯二僧衆与作學家羯磨

除未作故三无因緣除病請等不犯四自手取除置地使人与為表敎相不絕故亦五食同々

犯 下明戒本此戒制意有三一初曰信樂居士无猒盡比丘故今竭其資財衣食之盡白衣

犯 下明戒本此戒制意有三初曰信樂居士无猒盡比丘故令其貧窮衣食乏盡白衣
譏嫌故佛令白二法制諸比丘不聽受食後留更辭故曰略制 次有比丘先受學家請不敢
往及病比丘不敢受又置地及与使人並不敢受佛隨開聽受无罪後乃廣制 若比丘先
作學家羯磨若比丘於如是學家先不請无病自手受食〃者是比丘應向餘比丘
悔過言大德我犯可訶法所不應為我今向大德悔過是名悔過法 湯是戒本文分四句
一先明學家僧作羯磨二出緣犯人三於如是下正明无緣自手受食〃四是比丘下違教結罪
并相中初言先作學家羯磨者律云證三果者名曰學人家者有男女是言作羯磨者僧
与白二羯磨 祇律云夫婦至有凡聖不得謂作羯磨未妻於三果中或俱是或互見得与
作羯磨五分亦同此說二言若比丘者如上三言於如是家先不請无病自手受食〃者此明開
緣 律云若先請者聽往病者應取此家食若彼置地与及使人与並聽受反上
不應故第四言是比丘應向餘比丘悔過律云若无緣從是家取食〃者一〃犯
罪 四分云彼家財物還多者應作解白二羯磨 五分云若其家財物竭盡者僧
有園田應与〃使人畢常限餘以自供若无僧有果樹養令其家作使得遺餘若
復无者乞得食時就其家食与其所餘若不尒父子安置比丘寺婦女送置尼寺給
其房舍卧具及可分衣悉皆与 律云尼取此家食者吉但尼下眾感彼情薄必无傾竭
之慮故以撰 開不犯者若有請等三緣及僧白二作解法悉皆不犯 四分但言財物還多
乞解僧制佛即聽解 十律云若學家財物減損不增長若乞不乞不應往若財物增多
者若乞不乞皆應往法若財物不增不減者若乞應往不乞不應往若法竟五眾俱

者若乞不乞皆應徐法若財物不增不減者若乞應徐不乞不應徐若法竟五衆俱
不得取若徐法已五衆隨意取　蘭若安坐受食戒第四
制意者凡在蘭若事須翹懃乃安坐受食非進道之宜又復迴嶮多有賊難送食往
返因致困辱惱懷其心招世譏過是故聖制　別緣有五一蘭若嶮難處二先不語檀
越三无病難因緣四自手取食除置地使人与不犯五食時咽咽犯　已下正明戒本此戒因緣
心女人持食送与蘭若比丘時賊於道路嬈辱佛令比丘語彼女等莫送食來道路有賊
若以出城應莫令至藍故略制戒次因檀越先知而故送食至藍比丘不敢受及病等
并置地佛隨開復開　後乃广制　若比丘在阿蘭若迴遠有疑恐怖處若比丘
在如是阿蘭若處住先不語檀越若僧伽藍外不受食在僧伽藍內无病自手受
食食者應向餘比丘悔過言大德我犯可訶法所不應為今向大德悔過是名悔過
法　消是戒本文分四句一犯人二嶮難蘭若三先不語已下在嶮難處安坐受食食應向已下違
教結罪　并相中初句可知二言蘭若者明嶮難處　律云去村五百弓遮摩羅国时量法故
名蘭若處有疑恐怖處者路迴遠疑有賊恐怖三言先語檀越等於中有四一若先
已語莫送食二若彼已出城語令莫至伽藍中路有賊故三若故持食來者聽病人受四若施
主已食置地及教人与此等四緣並是開限若无四事即入犯位故　第四言應向餘比丘悔過
律云如上受食咽咽犯罪　四分云若語莫來來而得受故戒本云先不語檀越又雖先不語藍外
得受故文云伽藍外不受食而在藍內受食雖可藍內病緣不犯故言无病置地自開故
日自手受食　五分五若軍行逕過与食若賊來自持与受不犯若送食人忽至僧房比丘亦

日自手受食　五分云若軍行遠過與食若賊來自持與受不犯若送食人忽至僧房比丘白
不知者但言聽一人併受自出一分餘行與僧以己食分從僧中一人貿食不犯若送食時賊見
不得去應語與袈裟著若故不得去者應權與剃髮著法服送令去　律云尼吉者為
无蘭若假有希難開不犯者如上諸緣及私食无犯　諸大德我已說四波羅提提
舍尼法今問諸大德是中清淨不　三說　諸大德是中清淨默然故是事如是持
此傍問前四戒清淨不若於四戒而无闕犯即得聞戒若得默犯故妄語罪故須三問　諸大德此眾學戒法半月半月說戒經中來
此明第五篇就段為第七聚分為三初標儀式次陳本戒後舉前結後問清淨此篇標
句於中有二初作犯相開次乃隨文解釋初中有三一釋名并意二約身分別三就持
犯解義初言釋名者式叉迦羅尼法此云應當學問真言其眾不列其數者何
為此篇威儀遠失乃有无量不可限數往局故但言无眾若就所防彰目應言眾
吉羅篇今隱所防就緣受持稱故名為學言并意者此學竟通上四非唯局此所以
偏彰者然此篇威儀微細自非專觀在心勤加護持其行難成故加勸學之目
又復餘持具足无缺學行行終彰學問義顯故偏受學稱其威儀事乃眾多今
且標要百戒重而喜為雖心易犯集在此明餘者雜威儀中并　第二約身口分別
者於中有廿戒自口作業假從身犯如杖人說法等餘處身犯其相可知第三就
持犯解義者若就處學心并且二持犯謂起修習名為作持望不作高下著衣等
事即是止持无心案習說為止犯而著高下著等事名為作犯已下隨文解釋
齊整著涅槃僧戒第一　從此已下就隨文分四初有五十一戒教僧威儀行

齊整著涅槃僧式叉第一　從此已下第隨文分四初有五十一式教僧威儀行
次不恭敬人不得為說法下有八式教法威儀行三不得已宿仏塔中下有廿六式教仏
威儀行四人坐已立下有十五式餘教々人於四威儀雜明教上三寶々式先敬僧者擬
住三寶故今所以須明敬僧行者並衣裳服飾行坐進止飲食出入皆見僧威儀齊
整端嚴舉動應軌彰已內有道法々心外觀儀教生長在善光顯仏法益利僧
衆遠則自懷心行外長他惡於彼僧寶情生輕薄污辱不少故須制彼教僧威儀
就中文四初有二式正明教諸比丘著衣裳法使齊整端嚴應法无失自行成立外
生物善遠則利羅　第二從不反抄衣已下訖不得歡笑坐亦如是有廿三式入村受請行
來進止　第三用意受已下訖洗鉢水有廿三式食上方軌　第四生草大小便下有三式夜
利進止因緣廣并皆彰威儀　遠失々過　唯戒本中偏彰餘治々行舉以勸學　不明
所防護業故亦　當齊整著涅槃僧應當學　此明敬僧中初著衣儀式
於中文三一制緣二犯相三開不犯　初言制緣者此戒因六群不齊整著涅槃僧故居士
譏嫌仏依制戒　二言犯相者　律云或時不著或時高著或作象鼻或作多樹葉
或時細攝言下著者繫帶在臍下高著者褰齊膝象鼻者垂一角多
樹葉者垂前兩角細攝者遶腰襞著不整齊故作故犯非威儀吉若不故作犯
但犯吉羅言故作故者故違聖教作不齊整著衣犯根本吉羅 復 母經對手一說懺此立篇
義妨令解責心非威儀吉羅者不應故違聖教非但犯根本々根罪得不應作為作失
儀威罪此立責心悔諸式犯相皆有二罪非局此篇　如上好樹不應斫故而斫犯壞生

儀威罪此乃責心悔諸戒犯相皆有二罪非屬此篇如上好樹不應斫故而斫犯壞生
種根復非威儀吉如踏上坐舉卧具出門根復得非威儀吉未知一切若不故作者此謂
事作故然不作故違聖教〻意猶犯根本責心不懲元失威儀吉羅斯〻三吉雖有
根條威責心悔篇中所攝此一戒既爾下諸戒同然 三開不犯者 律云或齊中生瘡下著
膝踹有瘡高著若藍內若村外若作時若行道者无犯 齊整著三衣戒第二
當齊整著三衣應當學 此明著三衣儀飾於中有三初因六群不齊整著三衣
故居士譏嫌云如俗人異比丘白佛〻觀三世而制此戒二明犯相律云云不齊整者或
高或下或作象鼻或作多羅樹葉或時細攝云云下著者下垂過肘露脇高著衣
者過腳腨上象鼻者下垂一角多羅樹葉者垂前兩角後褰高也細攝已安
緣若著如上衣故作故犯根本吉羅不應故復得失威儀罪三開不犯者 律云或
肩臂有瘡下著或腳腨有瘡高著藍內若村外若道行若作時一切不犯
反抄衣入白舍戒第三 從此已下至不得白衣坐已來廿三戒總明第三入村受請行
來儀式文義相似故下略分戒本 不得反抄衣入白衣舍應當學 制緣如前
犯者或左右反抄衣著肩上 律云若比丘如上著衣入白衣舍故作故犯二罪不故作
者唯犯一吉 不犯者或脇肋邊有瘡等 不得反抄衣白衣舍坐應當學 第四如上
不得衣纏頸入白衣舍應當學 第五制緣如上纏頸者總捉衣角著肩上也罪相類前不犯者若肩臂有瘡乃至道行等
不得衣纏頸入白舍坐應當學 第六 制緣犯相並如前戒 不得覆頭入衣白衣舍應當學 第七
制緣因六群覆頭入白衣舍居士譏云云可有盜法覆頭如盜賊比丘白佛〻訶制戒

制緣者因六群以衣覆頭入白衣舍居士譏云何有正法覆頭如盜賊比丘白仏ゝ訶制戒
犯相者若以樹葉若碎段物若以衣覆覆故作故犯二罪不故作者但犯一罪　不犯者或
有如是病或患寒ゝ或頭上有瘡及命梵等難覆而行悉皆不犯　不得覆頭白衣舍坐
應當學第八　犯緣及相並同前戒　不得跳行入衣舍應當學第九　制緣者因六群
跳行入白衣舍居士譏云如似烏雀比丘白仏ゝ訶制戒犯相者　律云若雙腳跳行入白
衣舍故作故犯二罪不故作者但犯根本吉羅不犯者若如是病若打若有賊若惡
獸若有棘刺度渠坑塹或度河而跳過者元犯　不得跳行白衣舍坐應當學第十
不得白衣舍內蹲坐應當學第十一　制緣者因居士請僧就舍設食六群蹲坐比坐手
單卻倒露形居士嫌云不知慚愧如倮形ゝ類比丘白仏ゝ制此戒犯相者若地上床上尻
不至地如此坐者故作故犯二罪然不作者故違聖教意故犯者得根本吉羅而元失威儀
吉羅不犯者若尻邊生瘡若有所与若禮若懺若受教戒等緣雖蹲坐而元違罪
不得叉腰入白衣舍應當學第十二　犯緣者与前戒相類　不得叉腰白衣舍坐應
當學第十三　以手叉肘故妨比丘也　不得搖行入白舍應當學第十四　制緣者因六群搖身
入白衣舍居士譏云行如王臣比丘白仏ゝ制此戒　犯相者左右戾身趨行得罪如上不犯者同跳
行戒　不得搖身行白衣舍坐應當學十五　不得掉臂行入白衣舍應當學十六
制緣如前犯相者若垂臂前卻而行並犯吉羅不犯者若有病被打舉手或檐刺人來舉
手者身或河渡水渠以手招喚伴等一切不犯　不得掉臂入白舍坐應當學十七准前
露身白衣舍戒十八　好覆身入白舍應當學　制意者因六群不好覆身入白衣

露身白衣舍戒十八　好覆身入白舍應當學　制意者曰六群不好覆身入白衣
舍居士譏言所著衣服如彼婆羅門無異比丘白佛佛訶嘖制犯者　律云不好覆身者處處露
身也若衣不好覆身入村犯遠敎吉羅及失威儀罪不犯者若有病若被繫若風吹衣離體
等皆無犯　好覆白衣舍坐應當學十九　顧視入白衣舍戒廿　制緣者曰六群左右顧
視入白衣舍居士譏言如盜竊人比丘以過白佛因制戒犯相者若入村落處處看故而犯吉
羅罪不犯者或有病瞻日時節或命梵等難故左右處處伺求便道逃走者一切不犯
不得左右顧視白衣舍坐應當學廿一　高聲入白衣舍戒廿二　靜默入白衣舍應
當學　初制緣者曰六群高聲大喚入俗舍居士嫌言沙門釋子無有慚愧高聲大喚如婆
羅門聚會比丘白佛佛制此戒　次辨犯相者律云比丘高聲大喚入白衣舍故作故犯得根本
吉羅猶得失威儀吉若非故犯但根本一吉後明不犯者　律云若有如是病若聾不
聞須高聲喚囑授若高聲施食若命梵等難高聲而走者皆無犯
靜默入白衣舍坐應當學廿三　戲笑入白衣舍戒廿四　不得戲笑行入白衣舍
應當學　初明制緣曰六群戲笑行居士嫌言不知慚愧笑如獼猴何有正法比丘
白佛佛制此戒　次辨犯相律云若比丘露齒戲笑入白衣舍故作故犯二吉不故作者但犯
一罪後明不犯者　律云若有如是病或脣痛不覆齒或念法歡喜故笑者無犯
不得戲笑白衣舍坐應當學廿五　不用意受食戒廿六　已下至洗鉢戒來有廿三戒總明第
三食上方軌今辨第一　用意受食應當學　初明制緣者居士請僧設供六群不用
意受食損棄羹飯居士嫌言沙門無猒貪心多受如穀貴時比丘白佛佛制此戒用意受食

意受食損棄羹飯居士嫌言沙門無厭貪心多受如穀貴時比丘白佛若上[illegible]
棄羹飯故作故犯根本犯得失威儀罪若不故作者但犯吉羅後明不犯者律云若
有如是病若鉢小食時棄或墮還安上皆無犯　溢鉢受食戒廿七
當平鉢受食應當學　制緣犯相不犯等同上　溢鉢受羹戒廿八
平鉢受羹應當學　亦類前戒可知　不等受食戒廿九　當羹飯等食應當學
初明制緣者因居士請僧設供自手斟酌自下飯已入內取羹還食飯盡時與羹
已復還取飯比還羹盡居士譏言飢人無異比丘白佛佛訶制戒　次弁犯相律云故不等者
飯至羹盡羹來至飯盡若比丘故作如是食者犯二吉羅不故者一罪後明不犯
者若有如是病若須羹不須飯須飯不須羹或日時欲過或命梵等難疾食
不次食戒卅　當以次食應當學　初明制緣者居士設供手自斟酌六群不次取食
居士嫌言不知厭足譬如豬狗馬鳥等比丘白佛佛訶制戒次弁犯相　律云言不次第食者
鉢中處處取食食若比丘不次食犯罪同上後明不犯者或有病或患飯熱挑取冷處若
日時欲過若命梵等難疾食　挑中食戒卅一　不得挑鉢中而食應當學　所明制緣者曰
居士設供手自行食六群受食當挑鉢中令現空相居士譏嫌比丘白佛佛訶制戒
次弁犯相　律云言挑鉢中者置四邊挑鉢中央至鉢底若如是食犯同前戒後明不犯
者准同上戒　為己索食戒卅二　若比丘不病不得自為己索羹飯應當學
制緣者居士設供六群自為索食如飢餓時居士嫌言受取無厭比丘白佛佛訶制戒次犯相
者律云除病自為己索食犯吉羅不犯者若病若為他他為己若不求自得
飯覆羹戒卅三　不得以飯覆羹更望得應當學　制緣者曰居士設供六群受

飯覆羹戒卅三　不得以飯覆羹更望得應當學　制緣者因居士設供六群受
羹居士憶次取羹比丘於後以飯覆羹居士譏嫌比丘白佛佛因制戒犯相者　律云若
比丘如是食故犯根本及失威儀二吉不故作者一罪後明不犯者　律云若有病若正
須羹若正須飯无犯　嫌視比座戒卅四　不得視比座鉢中食應當學
制緣者自居士設供六群得少比座分多疑居士愛汝今請僧自貲多少居士有愛報云
我平等与比丘白佛佛因制戒　弁相者律云是中視者雖多雖少若比丘故視犯根本吉
羅及得失威儀吉明不犯者若比丘眼闇及病爲看得不得不淨受未受若自有病
者无犯　當繫鉢想食應當學　制緣者居士設食六群受已左右顧視不覺比坐
取鉢藏之比丘白佛佛制　次犯相者若比丘不作繫鉢想故犯故得二吉亦故者一弁不犯
者若比坐眼闇及自病若看日時若二難故欲逃避者　不繫鉢食戒卅五
大摶食戒卅六　不得大摶飯食應當學　制緣者因六群大摶食口不受居士譏嫌比
丘舉過佛因制相者　律云若比丘大摶食口不容受故遠故二吉不故遠者一罪開同前
大張口大食戒卅七　不得大張口大飯食應當學　制緣者因六群食時食未至先張口
居士譏嫌比丘舉過佛因制戒犯相者律云大張口者飯摶未至先大張口待犯同前戒弁不犯
者若有如是病若日時欲過及二難等疾疾食者並不犯　含飯語戒卅八
不得含飯語應當學　制緣者因六群起過居士譏嫌比丘白佛佛因制戒犯相者　律云飯在口
中語不可了令人不解若比丘故作含飯語者犯罪同上弁不犯者若有如是病若噎而索水
者二難依聲食者无犯　摶飯擲口中戒卅九　不得摶飯遥擲口中應當學

者二難作聲食者无犯　掛食懸口中食戒卌九　不……

制緣及犯相可知明不犯者律云若有病或被繫縛擲口中而食者无犯　遺落食戒卌

不得遺落飯食應當學　制緣者居士設食六群手把飯摶遺落居士譏嫌比丘具舉過

佛呵制戒　犯相者律云半已入口半在手中名飯遺落犯罪可知明不犯者若有病榻薄餅燋

飯若甘蔗蝦菜秋菓蒲桃蕤菜心者　頰食食戒卌一不得頰食食應當學　制緣者六

群起過居士譏言食如獼猴比丘白佛呵制戒　犯相者律云令兩頰皷起如獼猴狀罪同前戒明不犯者

乃至欲過等　嚼飯作聲戒卌二不得嚼飯作聲食應當學　制緣犯相類可知明不犯者

若病藥齊乾飯及燋飯乃至瓜菓等无犯　不得大噏飯食應當學卌三

制緣可知犯相者律云噏食者張口遥呼噏食罪相輕重如前明不犯者若有病痛若食

羹若食乳酪酥蜜毗羅漿等无犯　舐食戒卌四　不得舌舐食應當學　制緣者居

士設食六群吐舌舐食居士譏嫌比丘舉過佛呵制戒明犯者　律云舌舐食舌舐吐飯摶食若故

而犯二罪不故者一吉弄不犯者若病若被縛或手有泥及垢膩汙若舐而无犯

振手食戒卌五十　不得振手食應當學　制緣者居士設供手自斟酌六群振手而食

居士譏言食如王臣比丘舉過佛呵制戒次犯相可知明不犯者若病若食中有草有蟲

或手有不淨振去或有未受食手觸而汙手振去者不犯　手散食戒卌六　不得把

散飯食應當學　制緣者居士設供六群起過比丘白佛如來制戒犯相者律云散飯如鷄

鳥食若比丘如是食者吉羅明不犯者若有病若食中有草或有不淨汙或有未受食棄

无犯　汙手捉器戒卌七　不得汙手捉飲器應當學　制緣可知犯相者　律云汙手者

有膩飯著手若比丘已膩手捉飲器吉不犯者若病若草上受葉上受洗手受无犯

有膩飯着手若比丘已膩手捉飲器者不犯者若病若草上受葉上受洗手受无犯
棄洗鉢水白衣家戒卌八　不得洗鉢水棄白衣應當學　制緣犯相類如前不犯者
若有病或器承水持棄无犯　草上大小便戒卌九　已下三戒明第四依利進心曰緣生旁第
一　不生草菜上大小便涕唾除病應當學　制緣者六群赴過居士見譏无慙如賭比丘
白仏仏訶制戒犯相者　律云除病不堪遠避若无病草上便利吉四明不犯者若有如是
病若无草處便流墮生草上或風吹爲鳥所銜而墮草菜中並皆无犯　水中大小便
涕唾戒五十　不得水中大小便涕唾除病應當學　制緣犯相可知明不犯者若岸
上大小便流墮水中或風吹等墮者无犯　立大小便戒五十一　不得立大小便除病應當
學　制緣可知犯相者　律云若病不堪蹲坐聽不病者吉羅不犯者若有如是病若
被繫縛或脚蹲有垢膩若泥汙者无犯　與不恭敬人說法戒五十二　此下有八戒總
明敬法威儀行明敬法意者然人不自成功由於法故須敬法法者療生死之良藥開道
之眼目若敬而順行則超越衆累情昇彼岸慢而輕欺則永沉生死長輪苦海揆
累之深特宜須敬　不得與反抄衣人不恭敬人說法除病應當學　先明制緣
者曰六群与不恭敬人說法比丘舉過仏訶制戒犯相可知明不犯者若有如是病或謂王王
大臣及病人說无犯　不得爲衣纏頸者說法除病應當學五十三　不得爲覆
頭者說法除病應當學五十四　不得爲裹頭者說法除病應當學五十五
不得叉腰者說法除病應當學五十六　不得著木屐者說法除病應當學五十八

不得叉腰者說法除病應當學 不得著木屐者說法除病應

不得著革屣者說法除病應當學五十七 不得為騎乘者說法除病應當學 五十九

已上七戒制緣犯相等文皆同故略不述已下明敬佛意 佛塔中宿戒六十 已下有廿六戒惣

明敬佛威儀々々行并敬佛意者但佛不自弘宣由導主故須敬佛々為尊導獨拔累表解

超衆聖方德圓極大悲開化利益群品其恩深厚事須遵敬以求度世是故須制尊塔靈廟

潔淨安處夙夜展虔敬々儀式 不得在佛塔中止宿除為守護故應當學 先明制

緣因六群起過比丘白佛々簡制戒犯相類知并不犯者或病或為守護故止宿或強者所執及

命難等難故止宿 藏財佛塔中戒六十一不得藏財物置佛中除為堅牢應當學

制緣犯相等如前 著革屣入塔戒六十二 不得著革屣入佛塔中應當學 制緣犯相可知不犯者或有病或為強者所執

遶入佛塔中无犯 不得手捉革屣入塔中應當學 六十三 不得著革屣遶佛塔行應當學 六十四

不著富羅入塔中應當學 六十五 不得手捉富羅入佛塔中應當 六十六已上五戒制緣犯相文義不別故略不述

塔下食汙地戒六十七 不得塔下食留草及食汙地應當學 初明制緣因六群塔下坐

食留食及草汙地而去佛制不聽又作塔等緣開令食不應汙地 次明犯相 律云若比丘故遶故

犯二吉不故者一并不犯者一坐食及病比丘聽聚著腳邊處出時持棄々

擔死屍塔下過戒六十八 不得擔死屍從塔下過應當學 制緣者六因群擔屍塔

下過致塔神瞋比丘舉過佛簡制戒犯相同前不犯者或有病或須此道行乃至強力呼

去无犯 不得下埋死屍應當學 六十九 不得塔下燒死屍應當學 七十

不得佛塔燒死屍應當學 七十一 不得遶佛塔四邊燒死屍使臭氣來入應當學 七十二

不得仏塔燒死屍應當學七十一 不得遶仏塔四邊燒死屍使臭氣來入應當學七十二
不得持死人衣及床從塔下過除浣染香熏應當學七十三不得向仏塔大小便應當
學七十四 不得向仏塔大小便應當學七十五 不得遶仏塔四邊大小便臭氣來入應
當學七十六不持仏像至大便處應當學七十七 路中過不犯 不得在仏塔下嚼楊枝應當學七十八
不得向仏塔嚼楊枝應當學七十九 不得在仏塔四邊嚼楊枝應當學八十
不得在仏塔下涕唾應當學八十一 不得向仏塔涕唾應當學八十二
不得仏塔四邊涕唾應當學八十三 不得向仏塔舒脚坐應當學八十四
不得安仏塔在下房已在上房住應當學八十五 已上諸戒制緣犯相類知故略不釋不犯者或有如是病或鳥銜或風吹墮及强力遣見者皆無犯 已下有十五戒明緣敘之文於四威儀敘上三寶儀戒 犯緣等同上 故不說
人坐已立不得為說法除病應當學八十六
人臥已坐不得為說法除病應當學八十七 人在坐已在非座不得為說法除病應當學八十八
人在高坐已在下座不得為說法除病應當學八十九人在前行已在後行不得說法除病應當
學九十 人在高經行處已在下經行處不應為說法除病應當學九十一
人在道已在非道不應為說法除病應當學九十二 携手道行戒九十三
不得携手在道行應當學 初明制緣因六群携手道行遮或他男女居士譏言沙
門無慙行如王臣豪貴長者比丘白仏仏便制戒 犯相可知不犯者若有如是病或患眼闇扶接者
無犯 上樹過人戒九十四不得上樹過人頭除時因緣應當學 制緣者因比丘樹上受
夏安居於上大小便神瞋伺便欲斷其命根比丘舉過仏便制戒犯相者可知 不犯者若

憂安居於上天小夜神瞋伺便欲斷其命根比丘舉過仏知制戒犯相者可知　不犯者者

有如是等命梵等難得上過人頭及上即犯　檐杖絡囊戒九十五　不得絡囊盛鉢

貫杖頭著肩上而行應當學　制緣者因六群起過故仏制此戒　犯相可知不犯者或

有如是病或强力者逼或被縛或命梵難者无犯　人持杖不恭敬不應為說法除

病應當學九十六　人持劒不應為說法除病應當學九十七　人持矛不應為說法除病

應當學九十八　人持刀不應為說法除病應當學九十九　人持蓋不應為說法除病

應當學一百　諸大德我已說衆學戒法　此文结前百戒文　今問諸大德是中清淨不如是三說

諸大德是中清淨默然故是事如是持　此是第三問前諸戒中淨法答淨得聞戒若有犯不應聞故須三問

諸大德是七滅諍法半月半月說戒經中來　此明第八段七毗尼法就中文分為三一從七滅

至戒中來総舉彰由二從若有諍事下至應除滅来明勸學滅諍法三從應与已下别列

七戒令此前句正當第一言七毗尼者是除已起之諍故就所滅為名故曰七滅諍法上来百戒約

行威儀以彰應學　此舉衆法除諍滅罪以顯應學二處戒本並不舉所防直言應當學

若比丘有諍事起即應除滅　此當第二勸學滅諍於中分二初明諍事後弁除滅方

法就初分三列數釋名弁體言列數者諍有四種言覓犯事等　言釋名者律中云言諍

者若於十八事法非法乃至說非說等比丘共相鬪諍此事言語往来彼此紛紜因言說事

而起諍故曰諍二言覓諍者若以三舉事破戒破見破威儀見聞疑相覓比丘罪共諍不安

求伴勢力安慰其意若舉作憶念若安此事若不安此事不癡不厭名為覓諍三言

犯諍者以犯七聚罪共起於諍名為犯諍　四言事諍者因前三諍事而起於諍言弁體

本作[illegible]人共居[illegible]
犯諍者以犯七聚罪共起於諍名為犯諍　四云事諍者因前三諍事而起於諍云弁轉
者律文四諍通往三為轉　如藏諍揵度第二云應除滅者前四諍以七法除故云七滅法
律云言諍以現前多人語二毗尼法滅次覓諍以現念不癡罪處所四毗尼滅法次犯諍以現前
自言如草覆地三毗尼法滅後事諍以七毗尼通滅其三諍各分上中下三品合明九種以事
一種應上三諍隨分九品應隨前中三種五種滅中下品對治說藥應善觀解
應與現前毗尼當與現前毗尼　第三已下別列七滅此當第一於中分四一制緣因迦留
陀夷與六群各鬪著破衣而去後鬪破盜身不現前便作滅須羯磨迦留陀夷聞已白
仏仏訶制法二釋名三法五法轉非過去未集而相對故曰現前諍情消弥故名毗尼三并
相律云言現前者謂三法五法三法者法毗尼人五法者法毗尼人僧界等言法現前者所持
法滅諍者是言毗尼現前者所持毗尼滅諍者是言人現前者言議往反是言僧現前者
應來者來應與欲者與欲應訶者不訶是律云若別眾對首心念以三種現前滅為四人
已上僧法若作羯磨必須五法現前以羯磨所起必在作法故界准除結界在自然處
呵其罪　律云應與毗尼而不與者犯吉羅　應與憶念毗尼當與憶念毗尼
制緣者沓婆清人被謗醜聲外彰為他所舉而致忿覺眾僧恩審知其不犯彼言我
從生來乃至夢中不犯況於覺後僧作羯磨證彼清淨故言憶念憶念滅諍故曰毗尼
罪相同前　應與不癡毗尼當與不癡毗尼　制緣者曰難提比丘得顛狂病行來
出入不順威儀多犯眾罪差後不遠比丘諸問數被所舉而致忿覺愧知昔人病時實作

出入不順儀多犯衆罪差後不遠比丘詰問數被所舉而致忿競僧知法人病時實作
不癡已來不犯諸過便爲白四羯磨證彼差已來元有實犯故曰不癡毗尼如前解釋犯
相亦耳　應与自言治當与自言治　制緣者曰仏然成時中有比丘犯過隱藏不說曰
連驅擯恐濫清衆仏所不許要令自說名種方行治罰即无忿競故曰自言治餘義如上
應与多人語當与多人語　制緣者曰諸比丘於十八事諍競不息遂至僧中斷不可以伝
言應与多覓罪相法說非法說同在一處差比丘令行舍羅爲上座標首智人和上闍
梨住如法地應頭露行舍羅爲住非法地應覆藏耳語兩種行舍羅爲非法說人多彼
應作礼起又律云應多求覓罪用多人知法者說爲正以靜邪正别人現前不能消殄要
須集僧詳儀授籌取知法者多人爲定故曰應与多人說　應与罪處所當与罪處所
制緣者曰訶力比丘与外道論議得切問時前後語相違僧中亦亦仏令僧衆作白四与彼
羯磨治取本罪奪卅五事若伏首本罪者應白四如法爲解故立此法又云實犯三根爲他所
舉前引後違須与作法令自覓罪由來也故曰當与覓罪相
應与如草覆地當与如草覆地　制緣者曰衆僧共諍經年難滅仏令二衆相對共懺直
乞歡喜不說名種逆相懺謝如草掩泥不汙其足故曰草覆地故律云必有四諍令僧不知衆
即應用七毗尼滅諍若懈怠不滅得吉羅惡心不滅得偷蘭罪各如律說
諸大德我已說七滅諍法今問諸大德是中清淨不三說　諸大德是中清淨默然故是
事如是持　此摠問前七滅中清淨不文似前文　始從四重終至七滅八段之文摠明序
教正宗皆謂犯略制序備其教行者有當機益又云九問五言五篇以衆學与七滅同爲
[illegible]

教正宗皆謂犯略制廣備其教行者有高機益又云九問并云五篇以衆學与七滅同為
為一篇但以衆別有殊故分為二問上來自戒明自行威儀以彰應學七法懐衆静除滅罪
一頭應學故知同篇　諸大德我已說戒經序已說四波羅夷法已說十三僧伽婆尸沙
法已說二不定法已說卅尼薩耆波逸提法已說九十波逸提法已說四波羅提提
舍尼法已說衆學戒法已說滅諍法此是佛所說戒經半月半月說戒經中來
此即廣教流通通之文恐情疎放攡被聖教不傳季世是故再叙諸篇結以示之
勸令不斷故曰流通　若更有佛法是中皆共和合應學　此明略教別序然廣教五
篇唯論身口二作微无制意而略教七偈遍制心地又云七佛創化利機未勞廣顯
直舉對要聞皆會道故須鈍根之徒知廣制教然後得解利根之士唯樂略聞
今欲傍利鈍二徒故陳廣略二教故曰乃至廣略當學　已下明略教正宗
忍辱第一道　佛說無為最　出家惱他人　不名為沙門　此是毗婆尸如來
無所著等正覺說是戒經　於中文二初偈明所制之教後明教主就前偈中先偈弁
忍行次明離過非故經說云忍辱出世因離成佛果若人不依此非足為沙門又經云出家
宜忍辱遠離諸煩惱不久證无為是真沙門行是故勸行此二門　次明教主賢劫前九十一
劫出興於世百年中為无事故略此偈以教弟子後方廣說
譬如明眼人　能避險惡道　世有聰明人　能遠離諸惡　此中文二初偈示前兩
句喻況後半偈合喻明眼智慧險道以三途世人有明眼不畏險路出家有智慧常避惡
律儀若依三善法速能證涅槃第二明教主　此是尸棄如來无所著等正覺說是戒

律儀差依三善法速能證涅槃第二明教主　此是棄尸如來无所著等正覺說是戒
經　此是賢劫前卅四劫出興於世八十年中常說一偈略教後乃廣說法門
不謗亦不嫉　當奉行於戒　飲食知止足　常樂在空閑　心定樂精進　是名諸
佛教　此偈半總明三善根初兩句除瞋行次兩句除貪行次一句癡行　後一句以教勸人亦令
六度及三學但以文句略而義通皆有是故說此教令依會聖果　此是毗葉羅如來无所
著等正覺說是戒經　明教主此仏出世与前同劫人壽七万歲七十年前略說此偈後乃廣
分別　譬如蜂採花　不壞色以香　但取其味去　比丘入聚落　不違戾他事
不觀作不作　但自觀身行　若作不作此兩偈總明離譏自益行前三喻呪後五句合喻
如蜂遊蕐不壞色但取其味成於蜜比丘遊城依正念但次乞食脩解脫初句合第四第二
合第五第三後二　此是俱樓孫如來無所著等正覺說是戒經　第三明教主此仏
賢劫興人壽六万歲六十年前常說略偈後乃弁名種
心莫作放逸　聖法當勤學　如是无憂愁　心定入涅槃　此一偈總明三德初句止惡次句
脩善後二利益故經說言以離諸放逸斷德義成就於諸聖法故智德悉圓滿究竟證寂故恩
德皆周遍以證斷德故法身義具足智德具足故報身悉成就恩德周遍故化身能示
現菩薩常修此三戒何況凡小不依行　此是拘那含牟尼如來无所著等正覺
說是戒經　第四明教主此仏賢劫前人壽四万歲時出興於世卅年前常說一偈後乃廣說
一切惡莫作　當奉行諸善　自淨其志意　是則諸佛教　此一偈文初句總明三業淨
…初二…善…一句明意業後一句結教歸人故經說言諸仏同勸淨三業若人能依

一切惡莫作　當奉行諸善　自淨其
心。次句三業修善，與一句別明意業，後句結教歸人，故經說言諸仏同勸淨三業，若人能修
如是行，是名奉修諸仏教。此教能攝一切行。　此是迦葉如來无所著等正覺說是
戒經。　此明教主。此仏賢劫中為第三，人壽二万歲時出興，廿年前常說此偈，已後廣為
明說教。　善護於口言　自淨其志意　身莫作諸惡　此三業道淨　能得如是行
是大仙人道。　此偈文半，初句勸淨口，次句令淨意，此教身離過，次句結三善，通讚淨業行，
後兩句以教屬人，若能淨業，是名依仏教，故曰大仙道。　此是釋迦如來无所著等正覺於
十二年中為无事僧說是戒經，從是已後廣分別說。　此明教主七仏初興，仏略教能接利根，无
再
犯故不勞廣制。後因鈍根起有漏過，招世譏醜，即為廣利。釋迦諸弟子多生犯過，自心不
說，即与廣、略二教付弟子說，故經云諸仏同說淨三業，由此三業證菩提，雖有无量百
千行，皆入身口淨心中，是故須明略戒宗。　諸比丘自有法樂，樂沙门者有慙有愧樂
學戒者當於中學。　此謂略教之流通也。已下十二偈文，即法護尊者所撰，為明廣
略二教揔流通，初兩偈弁戒護利益。　明人能護戒　能得三種樂　名譽及利養
死得生天上　當觀如是處　有智勤護戒　戒淨有智慧　便得第一道
就中分二，初偈明世间利益，次句明出世间利益。初中文明人護戒者，通弁護戒利益，如[illegible]
論述戒護多種，且略引之。謂在心者名之為護，在身口者名之為戒，有護不畢有戒，有戒
甚必護。諸經廣明仏讚護戒，今乃略述七八。一者如[illegible]生子為民所敬，護戒之亦必得
聖果。如紹王位。二者如月光漸漸圓滿，護戒之亦隨時增長諸善功德，乃至知見亦得圓

聖果。如紹王位。二者如月光漸漸圓滿。護戒之人亦爾，隨時增長諸善以後乃至
滿。三者如得摩尼真寶，所求皆從。護戒之人亦爾，欲生天夫乃至獲必定能得。四者如王一
子愛階紹位。護戒之人亦爾，因護戒故必得成聖。五者如人一目愛之甚重。護戒之人亦爾，由護戒故
遠離生死得涅盤。六者如貧遠行愛少資粮。護戒亦爾，守護戒故便得惠命。七者
如國具事為王愛。此國護戒亦爾，奉轉具衆德，是故聖共愛。八者如病得瑩勤護
而不棄。護戒之人亦爾，由戒離諸患，是故應勤護。諸經皆說戒，能說禪定，因定有智惠。智
德究竟圓滿，便成於仏道。如過去諸仏，及以未來者，現在諸世尊，能勝一切憂，
皆共尊敬戒，此是諸仏教。此一偈半證前護戒之文。三世諸如來猶尊於戒法，何況聲
聞而不護戒。諸仏因戒得勝處，報戒恩故常尊敬。一切聖道由戒得故，言是諸仏法。如彼多論
廣分別戒是仏法平正地，一切万善由戒增長。諸仏弟子依戒住，因戒能取涅盤。戒能嚴莊衆
賢聖，是故同尊戒律法。已上（明）三世諸仏共尊敬戒，是真法故。若有自為身，欲求於
仏道，當尊重正法，此是諸仏教。此一偈文勸凡尊敬戒。仏道因戒，持戒由護持存。
若護戒行者，亦乃名護法。故律依云：欲得五利，當持戒建立正法，及久住，心无疑悔，今
安慰遊化諸方而无閡。是故勸令尊重戒。七仏為世尊，滅除諸結使，
說是七戒經，諸縛得解脫。已入於涅盤，諸戲永滅盡。此一偈半文列仏說偈
同讚及略教為證。七仏說偈同讚戒，勸諸弟子護三業，令彼凡聖俱得道，諸縛永
盡證涅盤。尊行大仙說，聖賢稱譽戒，弟子之所行，入寂滅涅盤。

盡證涅槃　尊行大仙說　聖賢稱譽戒　弟子之所行　入寂滅涅槃
清勸尊釋迦教又引七仏證若能同彼七仏諸弟子尊重師教不違犯乃能入於寂
涅槃一頌聖共稱譽持戒〻行勝業故仏密意偏為傳廣說令彼速解脫
世尊涅槃時　興起於大悲　集諸比丘衆　與如是教誡　莫謂我涅槃　淨行者
無護　我今說戒經　亦善說毗尼　我雖般涅槃　當視如世尊　此兩句半文引
遺教勸持禁戒故經說言仏垂滅度世間無師阿難啓請仏言汝能持戒是汝大師汝我
在世無異此也乃至仏言我不滅度半月一來又言仏有二身應身雖去法身在世若教戒
法即是法身若能護戒便為護仏如飲水歎重喻又大乘經多同此說當知持戒行者諸聖
共護　此經久住世　佛法得熾盛　以是熾盛故　得入於涅槃　此偈明勸傳戒傳經故
善見云仏語阿難我滅度後有五法令正法久住一者毗尼是汝大師二者下至五人持律在
世三者中國十人邊地五人如法受戒四者清衆如法出罪五者比丘守護禁戒因此五法而令仏
住世五千年故知持戒因緣仏法熾盛故得入涅槃　若不持此戒　如所應布薩　喻如日沒
時　世界皆闇冥　此偈明欲戒〻損故十誦云比丘慶學戒因此仏呵責乃由戒法故仏法久
住世　智度論云破戒之人〻所不敬其處如塚人所不近如大病人雖被袈裟次第捉籌賣
非比丘常懷怖懼我為仏賊四分律云破戒比丘有五種過一常自害二為智者所訶三惡名流
布四臨終生悔五死墮地獄　當護持是戒　如猫牛愛尾　和合一處坐　如仏之所說
[illegible]

此偈勸持戒如智度論說爲求大利益當堅持禁戒〻是諸德本出家〻之所要護如惜重
寶如護身命財若人无脚足遠涉无能遊无翅不能飛如是護持禁戒能涉涅槃路又云戒
羽日月亦如瓔珞珠戒日若沒時僧衆迷闇是故應護戒如佛之遺囑
我已說戒經　衆僧布薩竟　我今說戒經　所有諸功德　施一切衆生　皆共成
佛道　此偈明律主迴向功德法護尊者說戒已了因此即發大乘心位雖同彼二乘之根性即
是菩薩種所作功德廣迴施令彼法界共成佛

四分戒本疏卷第四

D00861　四分律戒本疏卷四　（47–47）

BD00862

金剛般若波羅蜜經

（後秦）鳩摩羅什 譯

322.8cm × 22cm

是人則爲第一希何以故此人无我相人相
衆生相壽者相所以者何我相即是非相人
相衆生相壽者相即是非相何以故離一切
諸相則名諸佛
佛告須菩提如是如是若復有人得聞是經
不驚不怖不畏當知是人甚爲希有何以故
須菩提如來說第一波羅蜜非第一波羅蜜
是名第一波羅蜜
須菩提忍辱波羅蜜如來說非忍辱波羅蜜
何以故須菩提如我昔爲歌利王割截身體
我於尒時无我相无人相无衆生相无壽者
相何以故我於往昔節節支解時若有我相

无人相无衆生相无壽者相是故須菩提菩
薩應離一切諸相發阿耨多羅三藐三菩提
心不應住色生心不應住聲香味觸法生心
應生无所住心若心有住則為非住是故佛
說菩薩心不應住色布施須菩提菩薩為利
益一切衆生故應如是布施如來說一切諸
相即是非相又說一切衆生則非衆生須菩
提如來是真語者實語者如語者不誑語者
不異語者須菩提如來所得法此法无實无
虛須菩提若菩薩心住於法而行布施如人
入闇則无所見若菩薩心不住於法而行布
施如人有目日光明照見種種色須菩提當
來之世若有善男子善女人能於此經受持
讀誦則為如來以佛智慧悉知是人悉見

BD00862　金剛般若波羅蜜經

来之世若有善男子善女人能於此經受持
讀誦則爲如来以佛智慧悉知是人悉見
是人皆得成就无量无邊功德
須菩提若有善男子善女人初日分以恒河沙
等身布施中日分復以恒河沙等身布施
後日分亦以恒河沙等身布施如是无量百千
万億劫以身布施若復有人聞此經典信心
不逆其福勝彼何況書寫受持讀誦爲人解
説須菩提以要言之是經有不可思議不可
稱量无邊功德如来爲發大乘者説爲發最
上乘者説若有人能受持讀誦廣爲人説如
来悉知是人悉見是人皆得成就不可量不
可稱无有邊不可思議功德如是人等則爲荷
擔如来阿耨多羅三藐三菩提何以故須菩

提在在處處若有此經一切世間天人阿修
羅所應供養當知此處則為是塔皆應恭敬
作礼圍遶以諸華香而散其處
復次須菩提若善男子善女人受持讀誦此
經若為人輕賤是人先世罪業應墮惡道以今世
人輕賤故先世罪業則為消滅當得阿耨多羅
三藐三菩提須菩提我念過去无量阿僧祇
劫於然燈佛前得值八百四千万億那由他諸
佛悉皆供養承事无空過者若復有人於後
末世能受持讀誦此經所得功德於我所供
養諸佛功德百分不及一千万億分乃至筭
數譬喻所不能及須菩提若善男子善女
人於後末世有受持讀誦此經所得功德我若

BD00862　金剛般若波羅蜜經

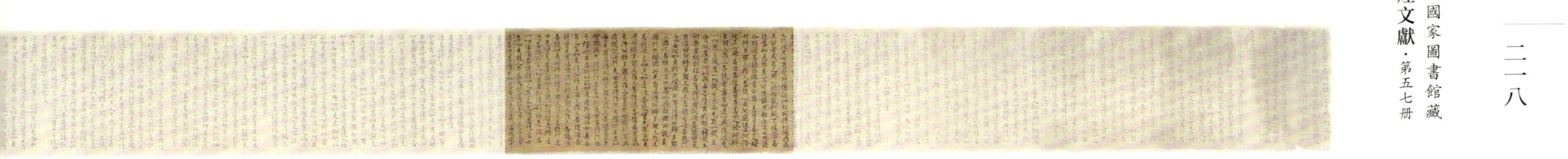

數譬喻所不能及須菩提若善男子善女
人於後末世有受持讀誦此經所得功德我若
具說者或有人聞心則狂亂狐疑不信須菩
提當知是經義不可思議果報亦不可思議
尒時須菩提白佛言世尊善男子善女人發
阿耨多羅三藐三菩提心云何應住云何降
伏其心佛告須菩提善男子善女人發阿耨
多羅三藐三菩提者當生如是心我應滅度
一切衆生滅度一切衆生已而无有一衆生
實滅度者何以故若菩薩有我相人相衆生
相壽者相則非菩薩所以者何須菩提實无
有法發阿耨多羅三藐三菩提者須菩提於
意云何如來於然燈佛所有法得阿耨多羅
三藐三菩提不不也世尊如我解佛所說義
佛於然燈佛所无有法得阿耨多羅三藐三

得阿耨多羅三藐三菩提須菩提若有法如
来得阿耨多羅三藐三菩者然燈佛則不與
我授記汝於来世當得作佛号釋迦牟尼以
實无有法得阿耨多羅三藐三菩提是故然
燈佛與我授記作是言汝於来世當得作佛
号釋迦牟尼何以故如来者即諸法如義若
有人言如来得阿耨多羅三藐三菩提須菩
提實无有法佛得阿耨多羅三藐三菩提須
菩提如来所得阿耨多羅三藐三菩提於是
中无實无虛是故如来說一切法皆是佛法
須菩提所言一切法者即非一切法是故名
一切法須菩提譬如人身長大須菩提言世
尊如来說人身長大則為非大身是名大身
須菩提菩薩亦如是若作是言我當滅度无

須菩提菩薩亦如是若作是言我當滅度无
量衆生則不名菩薩何以故須菩提實无有
法名為菩薩是故佛說一切法无我无人无
衆生无壽者須菩提若菩薩作是言我當
莊嚴佛土是不名菩薩何以故如來說莊嚴佛
土者即非莊嚴是名莊嚴須菩提若菩薩
通達无我法者如來說名真是菩薩
須菩提於意云何如來有肉眼不如是世尊
如來有肉眼須菩提於意云何如來有天眼
不如是世尊如來有天眼須菩提於意云何
如來有慧眼不如是世尊如來有慧眼須菩
提於意云何如來有法眼不如是世尊如來
有法眼須菩提於意云何如來有佛眼不如
是世尊如來有佛眼須菩提於意云何恒河

如是沙等恒河是諸恒河所有沙數佛世界
如是寧為多不甚多世尊佛告須菩提尒所
國土中所有衆生若干種心如來悉知何以
故如來說諸心皆為非心是名為心所以者
何須菩提過去心不可得現在心不可得未
來心不可得須菩提扵意云何若有人滿三
千大千世界七寶以用布施是人以是因緣
得福多不如是世尊此人以是因緣得福甚
多須菩提若福德有實如來說得福德多
以福德无故如來說得福德多
須菩提扵意云何佛可以具足色身見不不
也世尊如來不應以具足色身見何以故如來
說具足色身即非具足色身是名具足色身
須菩提扵意云何如來可以具足諸相見不不

須菩提扵意云何如來可以具足諸相見不不
也世尊如來不應以具足諸相見何以故如
來說諸相具足即非具足是名諸相具足須
菩提汝勿謂如來作是念我當有所說法
莫作是念何以故若人言如來有所說法即
爲謗佛不能解我所說故須菩提說法者
无法可說是名說法須菩提白佛言世尊佛得
阿耨多羅三藐三菩提爲无所得耶如是如
是須菩提我扵阿耨多羅三藐三菩提乃至
无有少法可得是名阿耨多羅三藐三菩提
復次須菩提是法平等无有高下是名阿耨
多羅三藐三菩提以无我无人无衆生无壽
者修一切善法則得阿耨多羅三藐三菩提
須菩提所[illegible]如來說[illegible]

山王如是等七寶聚有人持用布施若人以此
般若波羅蜜經乃至四句偈等受持讀誦
為他人說於前福德百分不及一百千万億分
乃至筭數譬喻所不能及
須菩提於意云何汝等勿謂如來作是念我
當度眾生須菩提莫作是念何以故實无有
眾生如來度者若有眾生如來度者如來
則有我人眾生壽者須菩提如來說有我者
則非有我而凡夫之人以為有我須菩提凡夫
者如來說則非凡夫須菩提於意云何可以
三十二相觀如來不須菩提言如是如是以三
十二相觀如來佛言須菩提若以三十二
相觀如來者轉輪聖王則是如來須菩提白
佛言世尊如我解佛所說義不應以三十

BD00862　金剛般若波羅蜜經

相者如来者轉輪聖王則是如来須菩提白
佛言世尊如我解佛所說義不應以三十
二相觀如来尒時世尊而說偈言
若以色見我 以音聲求我 是人行邪道 不能見如来
須菩提汝若作是念如来不以具足相故得
阿耨多羅三藐三菩提須菩提莫作是念
如来不以具足相故得阿耨多羅三藐三菩提
須菩提汝若作是念發阿耨多羅三藐三菩
提者說諸法斷滅莫作是念何以故發阿
耨多羅三藐三菩提者於法不說斷滅相須
菩提若菩薩以滿恒河沙等世界七寶持用
布施若復有人知一切法无我得成於忍此
菩薩勝前菩薩所得功德何以故須菩提以
諸菩薩不受福德故須菩提白佛言世尊云
何菩薩不受福德須菩提菩薩所作福德不

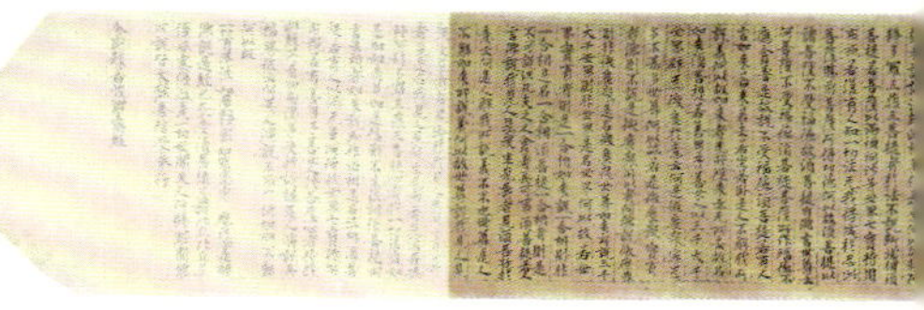

言如来若来若去若坐若卧是人不解我所
說義何以故如来者无所從来亦无所去故名
如来須菩提若善男子善女人以三千大千
世界碎為微塵於意云何是微塵衆寧為
多不甚多世尊何以故若是微塵衆實有
者佛則不說是微塵衆所以者何佛說微塵衆
則非微塵衆是名微塵衆世尊如来所說三千
大千世界則非世界是名世界何以故若世
界實有者則是一合相如来說一合相則非
一合相是名一合相須菩提一合相者則是
不可說但凡夫之人貪著其事須菩提若人
言佛說我見人見衆生見壽者見須菩提於
意云何是人解我所說義不不也世尊是人
不解如来所說義何以故世尊說我見人見

BD00862　金剛般若波羅蜜經

不解如來所説義何以故世尊説我見人見
衆生見壽者見即非我見人見衆生見壽
者見是名我見人見衆生見壽者見須菩提
發阿耨多羅三藐三菩提心者於一切法應如
是知如是見如是信解不生法相須菩提所
言法相者如來説即非法相是名法相須菩
提若有人以滿无量阿僧祇世界七寶持用
布施若有善男子善女人發菩薩心者持於
此經乃至四句偈等受持讀誦為人演説其
福勝彼云何為人演説不取於相如如不動
何以故
一切有為法　如夢幻泡影　如露亦如電　應作如是觀
佛説是經已長老須菩提及諸比丘比丘尼
優婆塞優婆夷一切世間天人阿脩羅聞佛
所説皆大歡喜信受奉行

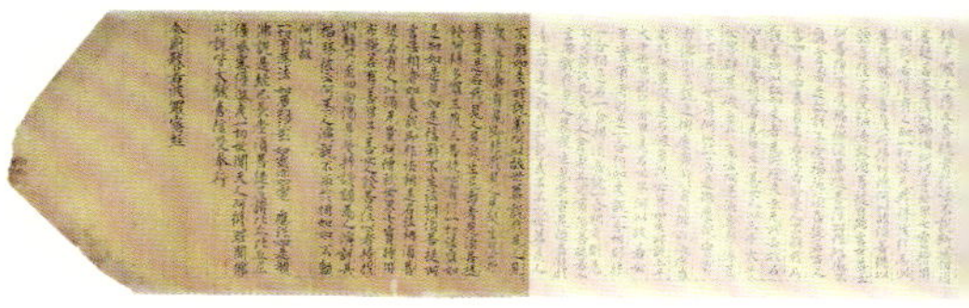

金剛般若波羅蜜經

BD00862　金剛般若波羅蜜經

BD00863 無量壽宗要經（甲本）

174.5cm × 30cm

大乘无量壽經

我聞一時薄伽梵在舍衛國祇樹給孤獨園與大苾芻僧千二百五十人大菩薩摩訶薩衆俱
世尊告曼殊室利童子曼殊上方有世界名无量功德聚彼土有佛号无量智決定
多羅三藐三菩提現爲衆生開示說法曼殊諦聽南閻浮提人皆短壽大限百
年於中枉夭横死者衆殊如是无量壽如來功德名稱法要若有衆生得聞名号若自書或使
人書能爲經卷受持讀誦若於宅舍所住之處以種種花鬘瓔珞塗香末香而爲供養如其
命盡復得延年滿足百歲如是曼殊若有衆生得聞是无量壽智決定王如來一百八名号者
其長壽若有衆生大命將盡憶念是如來名号更得增壽如是曼殊若有善男
善女人欲求長命於是无量壽如來一百八名号有得聞者或自書若使人書受持讀
誦得如是等果報福德具足陀羅尼曰
南謨薄伽勃底一阿波唎蜜多二阿喻
紇硯娜三須毗你悲指陀四囉佐耶五怛他揭他耶六怛姪他唵七薩婆桒悲迦羅八波唎輸底九達磨
底十伽迦娜十一莎訶某持迦底十二薩婆婆毗輸底十三摩訶娜耶十四波唎婆嚟㵿莎訶十五
世尊復告曼殊室利如是如來一百八名号若有自書或使人書爲經卷受持讀誦如
壽命盡復滿百年壽終此身後得往死无量福智世界无量壽淨土陀羅尼曰

摩訶娜耶十四 波唎婆囉莎訶十五 尒時復有九十九姟佛等一時同聲說是无量壽宗要經
陁羅尼曰 南謨薄伽勃底一 阿波唎蜜多二 阿喻紇硯娜三 須毗你悉指陁四 羅佐耶五
怛他羯他耶六 怛姪他唵七 薩婆桒悉迦羅八 波唎輸底九 達磨底十 伽伽娜十一 莎訶某杕迦底十二 薩婆婆毗輸
底十三 摩訶娜耶十四 波唎婆囉莎訶十五 尒時復有一百四姟佛一時同聲說是无量壽宗要經陁羅
尼曰 南謨薄伽勃底一 阿波唎蜜多二 阿喻紇硯娜三 須毗你悉指陁四 羅佐耶五 怛他羯他耶六 怛
姪他唵七 薩婆桒悉迦羅八 波唎輸底九 達磨底十 伽伽娜十一 莎訶某杕迦底十二 薩婆婆毗輸底十三 摩訶
娜耶十四 波唎婆囉莎訶十五 尒時復有七姟佛一時同聲說是无量壽宗要經陁羅尼曰
南謨薄伽勃底一 阿波唎蜜多二 阿喻紇硯娜三 須毗你悉指陁四 羅佐耶五 怛他羯他耶六 怛姪他唵七
薩婆桒悉迦羅八 波唎輸底九 達磨底十 伽伽娜十一 莎訶某杕迦底十二 薩婆婆毗輸底十三 摩訶
娜耶十四 波唎婆囉莎訶十五 尒時復有六十五姟佛一時同聲說是无量壽宗要經陁羅尼曰
南謨薄伽勃底一 阿波唎蜜多二 阿喻紇硯娜三 須毗你悉指陁四 羅佐耶五 怛他羯他耶六 怛姪他唵七 薩婆
桒悉迦羅八 波唎輸底九 達磨底十 伽伽娜十一 莎訶某杕迦底十二 薩婆婆毗輸底十三 摩訶娜耶十四 波唎
婆囉莎訶十五 尒時復有五十五姟佛一時同聲說是无量壽宗要經陁羅尼曰
南謨薄伽勃底一 阿波唎蜜多二 阿喻紇硯娜三 須毗你悉指陁四 羅佐耶五 怛他羯他耶六 怛姪
他唵七 薩婆桒悉迦羅八 波唎輸底九 達磨底十 伽伽娜十一 莎訶某杕迦底十二 薩婆婆毗輸底十三

他唵七薩婆桑悉迦羅八波唎輸底九達磨底十伽伽娜十一莎訶某持伽底十二薩婆婆毗輸底十三
摩訶娜耶十四波唎婆羅莎訶十五　尒時復有四十五殑佛一時同聲說是无量壽宗要經陀羅
尼曰　南謨薄伽勃底一阿波唎蜜多二阿喻紇硯娜三須毗你悉指陀四羅佐耶五怛他羯他耶六怛
姪他唵七薩婆桑悉迦羅八波唎輸底九達磨底十伽伽娜十一莎訶某持伽底十二薩婆婆毗輸底十三摩訶
娜耶十四波唎婆羅莎訶十五　尒時復有三十六殑佛一時同聲說是无量壽宗要經陀羅尼曰
南謨薄伽勃底一阿波唎蜜多二阿喻紇硯娜三須毗你悉指陀四羅佐耶五怛他羯他耶六怛姪他唵七薩婆
桑悉迦羅八波唎輸底九達磨底十伽伽娜十一莎訶某持伽底十二薩婆婆毗輸底十三摩訶娜耶十四
波唎婆羅莎訶十五　尒時復有二十五殑佛一時同聲說是无量壽宗要經陀羅尼曰
南謨薄伽勃底一阿波唎蜜多二阿喻紇硯娜三須毗你悉指陀四羅佐耶五怛他羯他耶六怛姪他唵七薩婆桑
悉迦羅八波唎輸底九達磨底十伽伽娜十一莎訶某持伽底十二薩婆婆毗輸底十三摩訶娜耶十四波唎婆
羅莎訶十五　尒時復有恒河沙殑佛一時同聲說是无量壽宗要經陀羅尼曰
南謨薄伽勃底一阿波唎蜜多二阿喻紇硯娜三須毗你悉指陀四羅佐耶五怛他羯他耶六怛姪他唵七薩婆桑
悉迦羅八波唎輸底九達磨底十伽伽娜十一莎訶某持伽底十二薩婆婆毗輸底十三摩訶娜耶十四波唎
婆羅莎訶十五　善男子若有自書寫教人書寫是无量壽宗要經如其命盡復得長壽而滿
百年陀羅尼曰　南謨薄伽勃底一阿波唎蜜多二阿喻紇硯娜三須毗你悉指陀四

……摩訶娜耶……莎訶……　若有自書寫教人
書寫是无量壽宗要經讀誦受持畢竟不墮地獄在在所生得宿命智陀羅尼曰
南謨薄伽勃底一 阿波唎蜜多二 阿喻紇硯娜三 須毗你悉指陀四 羅佐耶五 怛他羯他耶六 怛姪他唵七 薩婆
桑悉迦羅八 波唎輸底九 達磨底十 伽伽娜十一 莎訶其持迦底十二 薩婆婆毗輸底十三 摩訶娜耶十四 波唎
婆囉莎訶十五　若有自書寫教人書寫是无量壽宗要經受持讀誦如同書寫八万四千一
切經典陀羅尼曰　南謨薄伽勃底一 阿波唎蜜多二 阿喻紇硯娜三 須毗你悉指陀四 羅
佐耶五 怛他羯他耶六 怛姪他唵七 薩婆桑悉迦羅八 波唎輸底九 達磨底十 伽伽娜十一 莎訶其持迦
底十二 薩婆婆毗輸底十三 摩訶娜耶十四 波唎婆囉莎訶十五　若有自書寫教人書
寫是无量壽宗要經即是書寫八万四千部建立塔廟陀羅尼曰　南謨薄伽勃
底一 阿波唎蜜多二 阿喻紇硯娜三 須毗你悉指陀四 羅佐耶五 怛他羯他耶六 怛姪他唵七 薩婆桑悉迦
羅八 波唎輸底九 達磨底十 伽伽娜十一 莎訶其持迦底十二 薩婆婆毗輸底十三 摩訶娜耶十四 波唎婆
囉莎訶十五　若有自書寫教人書寫是无量壽宗要經能消五无間等一切重罪陀羅尼曰
南謨薄伽勃底一 阿波唎蜜多二 阿喻紇硯娜三 須毗你悉指陀四 羅佐耶五 怛他羯他耶六 怛姪他
唵七 薩婆桑悉迦羅八 波唎輸底九 達磨底十 伽伽娜十一 莎訶其持迦底十二 薩婆婆毗輸底十三 摩
訶娜耶十四 波唎婆囉莎訶十五　若有自書寫教人書寫是无量壽宗要經受持讀誦
設有重罪猶如須弥盡能除滅陀羅尼曰　南謨薄伽勃底一 阿波唎蜜多二 阿喻紇硯娜三

訶娜耶　波唎婆嚩　莎訶　若有自書寫教人書寫是无量壽宗要經受持讀誦
設有重罪猶如須弥盡能除滅陁羅尼曰　南謨薄伽勃底一阿波唎蜜哆二阿喻紇硯娜三
須毗你悉指陁四羅佐耶五怛他羯他耶六怛姪他唵七薩婆桑悉迦羅八波唎輸底九達磨底十伽迦娜十一莎訶
其持迦底十二薩婆婆毗輸底十三摩訶娜耶十四波唎婆嚩莎訶十五　若有自書寫教人書寫
是无量壽宗要經受持讀誦若魔魔之眷屬夜叉羅刹不得其便終无夭死陁羅尼
曰　南謨薄伽勃底一阿波唎蜜哆二阿喻紇硯娜三須毗你悉指陁四羅佐耶五怛他羯
他耶六怛姪他唵七薩婆桑悉迦羅八波唎輸底九達磨底十伽迦娜十一莎訶其持迦底十二薩婆婆
毗輸底十三摩訶娜耶十四波唎婆嚩莎訶十五　若有自書教人書寫是无量壽宗要經
受持讀誦當命終時有九十九殑佛現其人前豪千佛授手能遊一切佛刹莫於經生於
疑惑陁羅尼曰　南謨薄伽勃底一阿波唎蜜哆二阿喻紇硯娜三須毗你悉指陁四羅佐耶五
怛他羯他耶六怛姪他唵七薩婆桑悉迦羅八波唎輸底九達磨底十伽迦娜十一莎訶其持迦底十二薩婆
婆毗輸底十三摩訶娜耶十四波唎婆嚩莎訶十五　若有自書寫教人書寫是无量壽宗要經受
持讀誦常得四天大王隨其衛護陁羅尼曰　南謨薄伽勃底一阿波唎蜜哆二阿喻
紇硯娜三須毗你悉指陁四羅佐耶五怛他羯他耶六怛姪他唵七薩婆桑悉迦羅八波唎輸底九達
磨底十伽迦娜十一莎訶其持迦底十二薩婆婆毗輸底十三摩訶娜耶十四波唎婆嚩莎訶十五
若有自書教人書寫是无量壽宗要經受持讀誦當得往生西方極樂世界阿弥陁淨土

輸底十三摩訶娜耶十四波唎婆𠰒底莎訶十五　若有方所自書寫使人書寫是無量
壽經典之處則為是塔皆應恭敬作禮若是畜生或為鳥獸得聞是經如是等類皆當
不久得成一切種智陁羅尼曰　南謨薄伽勃底一阿波唎蜜多二阿喻紇硯娜三須毗你失
栺陁四羅佐耶五怛他羯他耶六怛姪他唵七薩婆桑塞迦羅八波唎輸底九達磨底十伽伽娜十一莎訶
其持伽底十二薩婆婆毗輸底十三摩訶娜耶十四波唎婆𠰒底莎訶十五
若有於是無量壽經自書寫若使人書畢竟不受女人之身陁羅尼曰　南謨薄伽
勃底一阿波唎蜜多二阿喻紇硯娜三須毗你失栺陁四羅佐耶五怛他羯他耶六怛姪他唵七薩婆桑塞
迦羅八波唎輸底九達磨底十伽伽娜十一莎訶其持伽底十二薩婆婆毗輸底十三摩訶娜耶十四波唎婆
𠰒底莎訶十五　若有能於是經少分能惠施者等於三千大千世界滿中七寶布施陁
羅尼曰　南謨薄伽勃底一阿波唎蜜多二阿喻紇硯娜三須毗你失栺陁四羅佐耶五怛他羯他
耶六怛姪他唵七薩婆桑塞迦羅八波唎輸底九達磨底十伽伽娜十一莎訶其持伽底十二薩婆婆
毗輸底十三摩訶娜耶十四波唎婆𠰒底莎訶十五　若有能供養是經者則是供養一切諸
經等無有異陁羅尼曰　南謨薄伽勃底一阿波唎蜜多二阿喻紇硯娜三須毗你失栺陁
羅佐耶五怛他羯他耶六怛姪他唵七薩婆桑塞迦羅八波唎輸底九達磨底十伽伽娜十一莎訶其持伽
底十二薩婆婆毗輸底十三摩訶娜耶十四波唎婆𠰒底莎訶十五　如是毗婆尸佛尸棄佛毗舍浮佛

底十二 薩婆婆毗輸底十三 摩訶娜耶十四 波唎婆囇莎訶十五　如是毗婆尸佛尸弃佛毗舍浮佛
俱留孫佛俱那含牟尼佛 迦葉佛 釋迦牟尼佛　若有人以七寶供養如是七佛其
福有限書寫受持是无量壽經典所有功德不可限量陁羅尼曰　南謨薄伽勃底
阿波唎蜜哆二阿喻紇硯娜三須毗你悉指陁四囉佐耶五怛他羯他耶六怛姪他唵七薩婆桑悉迦囉八
波唎輸底九達磨底十伽伽娜十一莎訶其持伽底十二薩婆婆毗輸底十三摩訶娜耶十四波唎婆
囇莎訶十五　若有七寶等於須弥以用布施其福上能知其限量是无量壽經典
其福不可知數陁羅尼曰　南謨伽勃底一阿波唎蜜哆二阿喻紇硯娜三須毗你悉指陁四
囉佐耶五怛他羯他耶六怛姪他唵七薩婆桑悉迦囉八波唎輸底九達磨底十伽伽娜十一莎訶其持
伽底十二 薩婆婆毗輸底十三 摩訶娜耶十四 波唎婆囇莎訶十五　如是四大海水可知滴數是无量
壽經典所生果報不可數量陁羅尼曰　南謨薄伽勃底一阿波唎蜜哆二阿喻紇硯娜三
須毗你悉指陁四囉佐耶五怛他羯他耶六怛姪他唵七薩婆桑悉迦囉八波唎輸底九達磨底十伽伽娜十一莎訶
其持伽底十二 薩婆婆毗輸底十三 摩訶娜耶十四 波唎婆囇莎訶十五　若有自書使人書寫是
无量壽經典又能護持供養即如恭敬供養一切十方佛土如來无有異別陁羅尼曰
南謨薄伽勃底一阿波唎蜜哆二阿喻紇硯娜三須毗你悉指陁四囉佐耶五怛他羯他耶六怛姪他唵七薩婆
桑悉迦囉八波唎輸底九達磨底十伽伽娜十一莎訶其持伽底十二 薩婆婆毗輸底十三 摩訶娜耶十四 波唎

忍辱力能成正覺　悟忍辱力人師子　忍辱力能聲普聞　慈悲階漸最能入
精進力能成正覺　悟精進力人師子　精進力能聲普聞　慈悲階漸最能入
禪定力能成正覺　悟禪定力人師子　禪定力能聲普聞　慈悲階漸最能入
智慧力能成正覺　悟智慧力人師子　智慧力能聲普聞　慈悲階漸最能入
尒時如來說是經已一切世間天人阿脩羅揵闥婆等聞佛所說皆大歡喜信受奉行
佛說無量壽宗要經

氾子昇寫

BD00864 妙法蓮華經卷四

（後秦）鳩摩羅什 譯

128.7cm × 26cm

其家甚大富　具設諸餚饍　以无價寶珠　繫著內衣裏
默與而捨去　時卧不覺知　是人既已起　遊行詣他國
求衣食自濟　資生甚艱難　得少便為足　更不願好者
不覺內衣裏　有无價寶珠　與珠之親友　後見此貧人
苦切責之已　示以所繫珠　貧人見此珠　其心大歡喜
富有諸財寶　五欲而自恣　我等亦如是　世尊於長夜
常愍見教化　令種无上願　我等无智故　不覺亦不知
得少涅槃分　自足不求餘　今佛覺悟我　言非實滅度
得佛无上慧　尒乃為真滅　我今從佛聞　受記莊嚴事
及轉次受決　身心遍歡喜

妙法蓮華經授學无學人記品第九

尒時阿難羅睺羅而作是念我等每自思惟
設得受記不亦快乎即從座起到於佛前頭面
[illegible]

人阿脩羅所見知識阿難常為侍者護持法
藏羅睺羅是佛之子若佛見授阿耨多羅三
藐三菩提記者我願既滿衆望亦足尒時有
學无學聲聞弟子二千人皆從座起偏袒右
肩到於佛前一心合掌瞻仰世尊如阿難羅
睺羅所願住立一面尒時佛告阿難汝於来世
當得作佛号山海慧自在通王如来應供正
遍知明行足善逝世間解无上士調御丈夫
天人師佛世尊當供養六十二億諸佛護持
法藏然後得阿耨多羅三藐三菩提教化二
十千萬億恒河沙諸菩薩等令成阿耨多
羅三藐三菩提國名常立勝幡其土清淨瑠
璃為地劫名妙音遍滿其佛壽命无量千萬
億阿僧祇劫若人於千萬億无量阿僧祇劫

億阿僧祇劫若人於千萬億无量阿僧祇劫
中筭數校計不能得知正法住世倍於壽命
像法住世復倍正法阿難是山海慧自在通王
佛爲十方无量千萬億恒河沙等諸佛如來所
共讚歎稱其功德尒時世尊欲重宣此義而説
偈言
我今僧中説　阿難持法者　當供養諸佛　然後成正覺
号曰山海慧　自在通王佛　其國土清淨　名常立勝幡
教化諸菩薩　其數如恒沙　佛有大威德　名聞滿十方
壽命无有量　以愍衆生故　正法倍壽命　像法復倍是
如恒河沙等　无量諸衆生　於此佛法中　種佛道因緣
尒時會中新發意菩薩八千人咸作是念我
等尚不聞諸大菩薩得如是記有何因緣而

所念而告之曰諸善

佛所同時發阿耨多羅三藐三菩提心阿難

常樂多聞我常勤精進是故我已得成阿耨多

羅三藐三菩提而阿難護持我法亦護將來

諸佛法藏教化成就諸菩薩衆其本願如

是故獲斯記阿難面於佛前自聞授記及土

莊嚴所願具足心大歡喜得未曾有即時

憶念過去无量千萬億諸佛法藏通達无礙

如今所聞亦識本願尒時阿難而說偈言

世尊甚希有　令我念過去　无量諸佛法　如今日所聞

我今无復疑　安住於佛道　方便爲侍者　護持諸佛法

尒時佛告羅睺羅汝於來世當得佛号蹈七

寶華如來應供正遍知明行足善逝世間

解无上士調御丈夫天人師佛世尊當供

解无上士調御丈夫天人師佛世尊當供
養十世界微塵等數諸佛如來常為諸佛
而作長子猶如今也是蹈七寶華佛國土莊
嚴壽命劫數所化弟子正法像法亦如山海
慧自在通王如來无異亦為此佛而作長子
過是已後當得阿耨多羅三藐三菩提尒時
世尊欲重宣此義而說偈言
我為太子時　羅睺羅長子　我今成佛道　受法為法子
於未來世中　見无量億佛　皆為其長子　一心求佛道
羅睺羅密行　唯我能知之　現為我長子　以示諸衆生
无量億千萬　功德不可數　安住於佛法　以求无上道
尒時世尊見學无學二千人其意柔軟寂
然清淨一心觀佛告阿難汝見是學无學二

世界微塵數諸佛如來恭敬尊重護持法
後同時於十方國各得成佛皆同一号名曰
明行足善逝世間解无
命一劫
悉同等
佛

BD00865

妙法蓮華經卷一

（後秦）鳩摩羅什 譯

530.6cm × 26.3cm

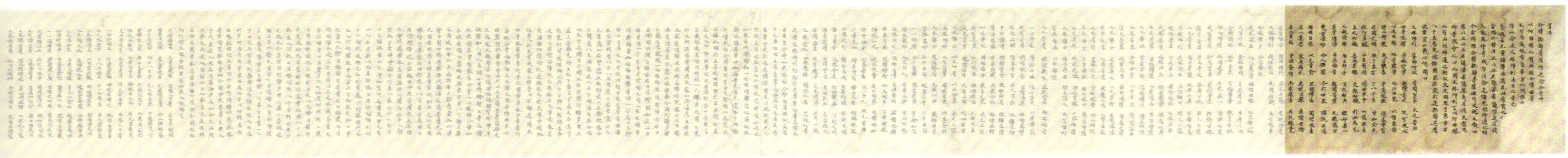

寶塔
尒時弥勒菩薩作是念今者世
以何因緣而有此瑞今佛世尊
不可思議現希有事當以問誰
作此念是文殊師利法王之子已
養過去无量諸佛必應見此希有之
當問尒時比丘比丘尼優婆塞優婆夷及諸
天龍鬼神等咸作此念是佛光明神通之相
今當問誰尒時弥勒菩薩欲自決疑又觀四
衆比丘比丘尼優婆塞優婆夷及諸天龍鬼
神等衆會之心而問文殊師利言以何因緣
而有此瑞神通之相放大光明照于東方万

文殊師利　導師何故　眉間白豪　大光普照
雨曼陀羅　曼殊沙華　旃檀香風　悅可衆心
以是因緣　地皆嚴淨　而此世界　六種震動
時四部衆　咸皆歡喜　身意快然　得未曾有
眉間光明　照于東方　万八千土　皆如金色
從阿鼻獄　上至有頂　諸世界中　六道衆生
生死所趣　善惡業緣　受報好醜　扵此悉見
又覩諸佛　聖主師子　演說經典　微妙第一
其聲清淨　出柔濡音　教諸菩薩　无數億万
梵音深妙　令人樂聞　各扵世界　講說正法
種種因緣　以无量喻　照明佛法　開悟衆生
若人遭苦　猒老病死　為說涅槃　盡諸苦際
若人有福　曾供養佛　志求勝法　為說緣覺

若人有福　曾供養佛　志求勝法　爲説緣覺
若有佛子　脩種種行　求无上慧　爲説淨道
文殊師利　我住於此　見聞若斯　及千億事
如是衆多　今當略説
我見彼土　恒沙菩薩　種種因緣　而求佛道
或有行施　金銀珊瑚　真珠摩尼　車璖馬瑙
金剛諸珎　奴婢車乘　寶飾輦轝　歡喜布施
迴向佛道　願得是乘　三界第一　諸佛所嘆
或有菩薩　駟馬寶車　蘭楯華蓋　軒飾布施
復見菩薩　身肉手足　及妻子施　求无上道
又見菩薩　頭目身體　欣樂施與　求佛智慧
文殊師利　我見諸王　往詣佛所　問无上道
便捨樂土　宮殿臣妾　剃除鬚髮　而被法服

又見離欲　常處空閑　深脩禪定　得五神通
又見菩薩　安禪合掌　以千万偈　讚諸法王
復見菩薩　智深志固　能問諸佛　聞悉受持
又見佛子　定慧具足　以无量喻　為衆講法
欣樂說法　化諸菩薩　破魔兵衆　而擊法鼓
又見菩薩　處林放光　濟地獄苦　令入佛道
又見佛子　未曾睡眠　經行林中　懃求佛道
又見具戒　威儀无缺　淨如寶珠　以求佛道
又見佛子　住忍辱力　增上慢人　惡罵捶打
皆悉能忍　以求佛道
又見菩薩　離諸戲咲　及癡眷屬　親近智者
一心除亂　攝念山林　億千万歲　以求佛道
或見菩薩　餚饍飲食　百種湯藥　施佛及僧

或見菩薩　餚饍飲食　百種湯藥　施佛及僧
名衣上服　價直千万　或无價衣　施佛及僧
千万億佛　栴檀寶舍　衆妙卧具　施佛及僧
清淨園林　華菓茂盛　流泉浴池　施佛及僧
如是等施　種種微妙　歡喜无猒　求无上道
或有菩薩　說寂滅法　種種教詔　无數衆生
或見菩薩　觀諸法性　无有二相　猶如虛空
又見佛子　心无所著　以此妙慧　求无上道
文殊師利　又有菩薩　佛滅度後　供養舍利
又見佛子　造諸塔廟　无數恒沙　嚴飾國界
寶塔高妙　五千由旬　縱廣正等　二千由旬
一一塔廟　各千幢幡　珠交露幔　寶鈴和鳴
諸天龍神　人及非人　香華伎樂　常以供養
文殊師利　諸佛子等　為供舍利　嚴飾塔廟

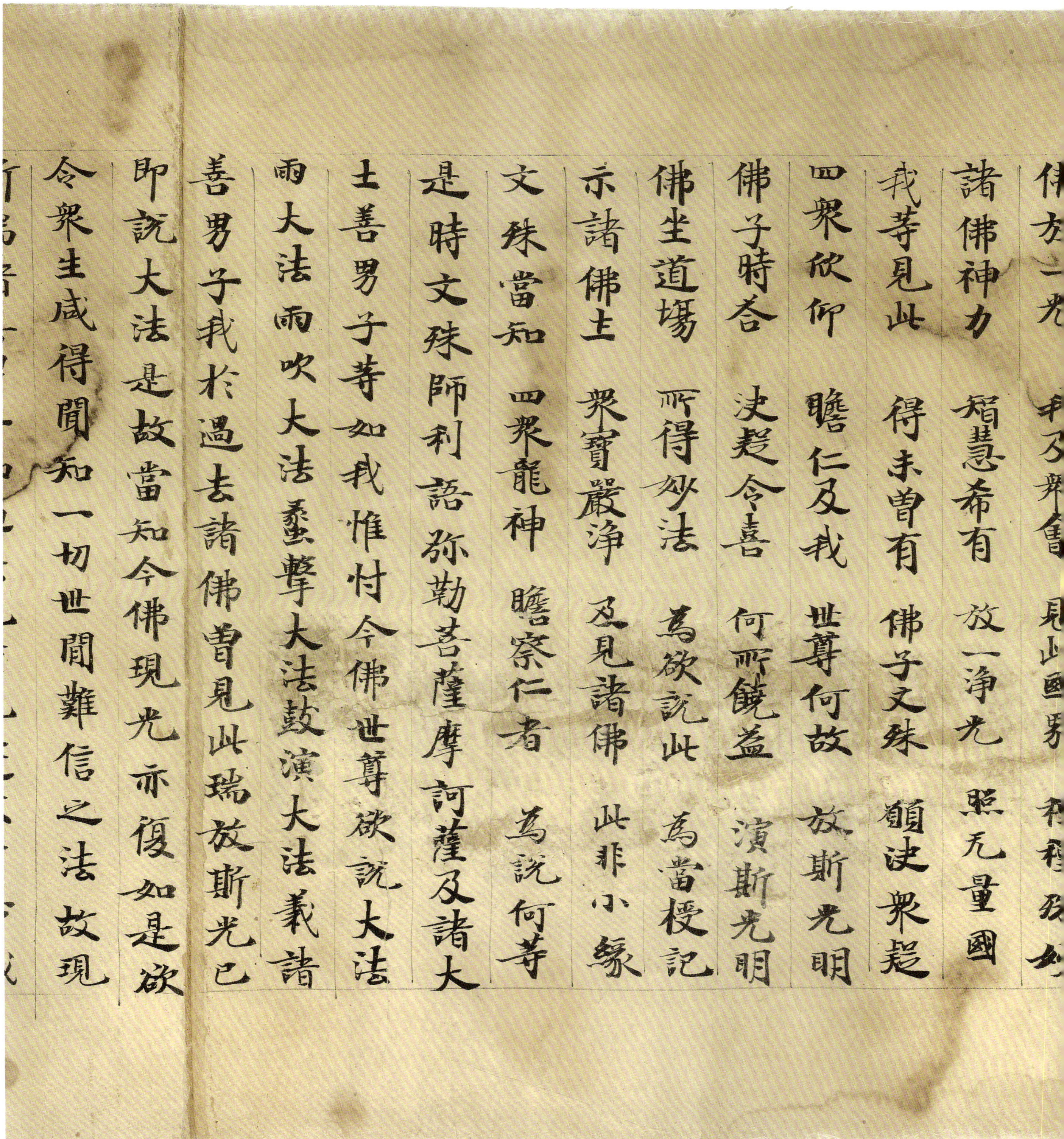

佛放一光　我及衆會　見此國界　種種殊妙
諸佛神力　智慧希有　放一淨光　照无量國
我等見此　得未曾有　佛子文殊　願決衆疑
四衆欣仰　瞻仁及我　世尊何故　放斯光明
佛子時荅　決疑令喜　何所饒益　演斯光明
佛坐道場　所得妙法　爲欲說此　爲當授記
示諸佛土　衆寶嚴淨　及見諸佛　此非小緣
文殊當知　四衆龍神　瞻察仁者　爲說何等
是時文殊師利語弥勒菩薩摩訶薩及諸大
士善男子等如我惟忖今佛世尊欲說大法
雨大法雨吹大法蠡擊大法鼓演大法義諸
善男子我於過去諸佛曾見此瑞放斯光已
即說大法是故當知今佛現光亦復如是欲
令衆生咸得聞知一切世間難信之法故現
[illegible]

即說大法是故當知今佛現光亦復如是欲
令衆生咸得聞知一切世間難信之法故現
斯瑞諸善男子如過去无量无邊不可思議
阿僧祇劫尒時有佛号日月燈明如来應供
正遍知明行足善逝世間解无上士調御丈
夫天人師佛世尊演說正法初善中善後善
其義深遠其語巧妙純一无雜具足清白梵
行之相為求聲聞者說應四諦法度生老病
死究竟涅槃為求辟支佛者說應十二因緣
法為諸菩薩說應六波羅蜜令得阿耨多羅
三藐三菩提成一切種智次復有佛亦名日
月燈明次復有佛亦名日月燈明如是二万
佛皆同一字号日月燈明又同一姓姓頗羅
墮弥勒當知初佛後佛皆同一字名日月燈

无量意四名寶意五名增意六名除疑意七
名嚮意八名法意是八王子威德自在各領
四天下是諸王子聞父出家得阿耨多羅三
藐三菩提悉捨王位亦隨出家發大乘意常
脩梵行皆爲法師已於千万佛所殖諸善本
是時日月燈明佛說大乘經名无量義教菩
薩法佛所護念說是經已即於大衆中結跏
趺坐入於无量義處三昧身心不動是時天
雨曼陁羅華摩訶曼陁羅華曼殊沙華摩訶
曼殊沙華而散佛上及諸大衆普佛世界六
種震動尒時會中比丘比丘尼優婆塞優婆夷
天龍夜叉揵闥婆阿脩羅迦樓羅緊那羅摩
睺羅伽人非人及諸小王轉輪聖王等是諸

BD00865　妙法蓮華經卷一

睺羅伽人非人及諸小王轉輪聖王等是諸
大衆得未曾有歡喜合掌一心觀佛尒時如
来放眉間白豪相光照東方万八千佛土靡
不周遍如今所見是諸佛土弥勒當知尒時
會中有廿億菩薩樂欲聽法是諸菩薩見此
光明普照佛土得未曾有欲知此光所為因
縁時有菩薩名曰妙光有八百弟子是時日
月燈明佛從三昧起因妙光菩薩說大乘經
名妙法蓮華教菩薩法佛所護念六十小劫
不起于坐時會聽者亦坐一處六十小劫身
心不動聽佛所說謂如食頃是時衆中无有
一人若身若心而生懈惓日月燈明佛於六
十小劫說是經已即於梵魔沙門婆羅門及
天人阿脩羅衆中而宣此言如来於今日中

燈明佛即授其記告諸比丘是德藏菩薩次
當作佛号曰淨身多陁阿伽度阿羅訶三藐
三佛陁佛授記已便於中夜入无餘涅槃佛
滅度後妙光菩薩持妙法蓮華經滿八十小
劫為人演說日月燈明佛八子皆師妙光妙
光教化令其堅固阿耨多羅三藐三菩提是
諸王子供養无量百千万億佛已皆成佛道
其最後成佛者名曰燃燈八百弟子中有一人
号曰求名貪著利養雖復讀誦衆經而不通
利多所忘失故号求名是人亦以種諸善根
因緣故得值无量百千万億諸佛供養恭敬
尊重讚嘆弥勒當知尒時妙光菩薩豈異人
乎我身是也求名菩薩汝身是也今見此瑞
與本无異是故惟忖今日如來當說大乘經

與本无異是故惟忖今日如来當説大乘經
名妙法蓮華教菩薩法佛所護念尒時文殊
師利於大衆中欲重宣此義而説偈言

我念過去世　无量无數劫　有佛人中尊　号日月燈明
世尊演説法　度无量衆生　无數億菩薩　令入佛智慧
佛未出家時　所生八王子　見大聖出家　亦隨脩梵行
時佛説大乘　經名无量義　於諸大衆中　而為廣分別
佛説此經已　即於法座上　跏趺坐三昧　名无量義處
天雨曼陁華　天鼓自然鳴　諸天龍鬼神　供養人中尊
一切諸佛土　即時大震動　佛放眉間光　現諸希有事
此光照東方　万八千佛土　示一切衆生　生死業報處
又見諸佛土　以衆寶莊嚴　瑠璃頗梨色　斯由佛光照
又見諸天人　龍神夜叉衆　揵闥婆那羅　各供養其佛

一一諸佛土　聲聞衆无數　因佛光所照　悉見彼大衆
或有諸比丘　在於山林中　精進持淨戒　猶如護明珠
又見諸菩薩　行施忍辱等　其數如恒沙　斯由佛光照
又見諸菩薩　深入諸禪定　身心寂不動　以求无上道
又見諸菩薩　知法寂滅相　各於其國土　說法求佛道
尒時四部衆　見日月燈明　現大神通力　其心皆歡喜
各各自相問　是事何因緣
天人所奉尊　適從三昧起　讚妙光菩薩　汝為世間眼
一切所歸信　能奉持法藏　如我所說法　唯汝能證知
世尊既讚嘆　令妙光歡喜　說是法華經　滿六十小劫
不起於此坐　所說上妙法　是妙光法師　悉皆能受持
佛說是法華　令衆歡喜已　尋即於是日　告於天人衆
諸法實相義　已為汝等說　我今於中夜　當入於涅槃

諸法實相義　已為汝等説　我今於中夜　當入於涅槃
汝一心精進　當離於放逸　諸佛甚難值　億劫時一遇
世尊諸子等　聞佛入涅槃　各各懷悲惱　佛滅一何速
聖主法之王　安慰无量衆　我若滅度時　汝等勿憂怖
是德藏菩薩　於无漏實相　心已得通達　其次當作佛
号曰為淨身　亦度无量衆
佛此夜滅度　如薪盡火滅　分布諸舍利　而起无量塔
比丘比丘尼　其數如恒沙　倍復加精進　以求无上道
是妙光法師　奉持佛法藏　八十小劫中　廣宣法華經
是諸八王子　妙光所開化　堅固无上道　當見无數佛
供養諸佛已　隨順行大道　相繼得成佛　轉次而授記
最後天中天　号曰燃燈佛　諸仙之導師　度脱无量衆
是妙光法師　時有一弟子　心常懷懈怠　貪著於名利

供養於諸佛　隨順行大道　具六波羅蜜　今見釋師子
其後當作佛　號名曰彌勒　廣度諸衆生　其數无有量
彼佛滅度後　懈怠者汝是　妙光法師者　今則我身是
我見燈明佛　本光瑞如此　以是知今佛　欲說法華經
今相如本瑞　是諸佛方便　今佛放光明　助發實相義
諸人今當知　合掌一心待　佛當雨法雨　充足求道者
諸求三乘人　若有疑悔者　佛當為除斷　令盡无有餘

妙法蓮華經方便品第二

尒時世尊從三昧安詳而起告舍利弗諸佛
智慧甚深无量其智慧門難解難入一切聲
聞辟支佛所不能知所以者何佛曾親近百
千万億无數諸佛盡行諸佛无量道法勇猛
精進名稱普聞成就甚深未曾有法隨宜所
說意趣難解舍利弗吾從成佛以來種種因

說意趣難解舍利弗吾從成佛以來種種因
緣種種譬喻廣演言教无數方便引導衆生
令離諸著所以者何如來方便知見波羅蜜
皆已具足舍利弗如來知見廣大深遠无量
无礙力无所畏禪定解脫三昧深入无際成
就一切未曾有法舍利弗如來能種種分別
巧說諸法言辭柔濡悅可衆心舍利弗取要
言之无量无邊未曾有法佛悉成就止舍利
弗不須復說所以者何佛所成就第一希有
難解之法唯佛與佛乃能究盡諸法實相所
謂諸法如是相如是性如是體如是力如是
作如是因如是緣如是果如是報如是本末
究竟等尒時世尊欲重宣此義而說偈言
世雄不可量　諸天及世人　一切衆生類　无能知佛者

本行无數佛　具足行諸道　甚深微妙法　難見難可了
於无量億劫　行此諸道已　道場得成佛　我已悉知見
如是大果報　種種性相義　我及十方佛　乃能知是事
是法不可示　言辭相寂滅　諸餘衆生類　无有能得解
除諸菩薩衆　信力堅固者
諸佛弟子衆　曾供養諸佛　一切漏已盡　住是冣後身
如是諸人等　其力所不堪
假使滿世間　皆如舍利弗　盡思共度量　不能測佛智
正使滿十方　皆如舍利弗　及餘諸弟子　亦滿十方剎
盡思共度量　亦復不能知
辟支佛利智　无漏冣後身　亦滿十方界　其數如竹林
斯等共一心　於億无量劫　欲思佛實智　莫能知少分
新發意菩薩　供養无數佛　了達諸義趣　又能善說法
如稻麻竹葦　充滿十方剎　一心以妙智　於恒河沙劫
咸皆共思量　不能知佛智　不退諸菩薩　其數如恒沙

咸皆共思量　不能知佛智　不退諸菩薩　其數如恒沙
一心共思求　亦復不能知　又告舍利弗　无漏不思議
甚深微妙法　我今已具得　唯我知是相　十方佛亦然
舍利弗當知　諸佛語无異　於佛所說法　當生大信力
世尊法久後　要當說真實　告諸聲聞衆　及求緣覺乘
我令脫苦縛　逮得涅槃者　佛以方便力　示以三乘教
衆生處處著　引之令得出
尒時大衆中有諸聲聞漏盡阿羅漢阿若憍
陳如等千二百人及發聲聞辟支佛心比丘
比丘尼優婆塞優婆夷各作是念今者世尊
何故慇懃稱歎方便而作是言佛所得法甚
深難解有所言說意趣難知一切聲聞辟支
佛所不能及佛說一解脫義我等亦得此法
到於涅槃而今不知是義所趣尒時舍利弗

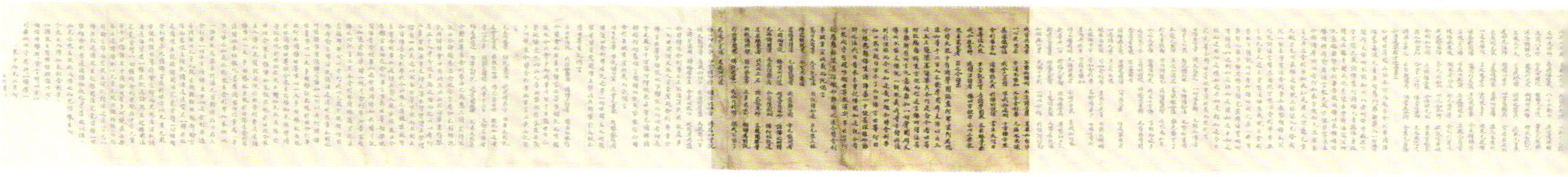

解之法我自昔來未曾從佛聞如是說　今者
四眾咸皆有疑唯願世尊敷演斯事世尊何
故慇懃稱嘆甚深微妙難解之法尒時舍利
弗欲重宣此義而說偈言
慧日大聖尊　久乃說是法　自說得如是　力无畏三昧
禪定解脫等　不可思議法
道場所得法　无能發問者　我意難可測　亦无能問者
无問而自說　稱嘆所行道　智慧甚深妙　諸佛之所得
无漏諸羅漢　及求涅槃者　今皆墮疑網　佛何故說是
其求緣覺者　比丘比丘尼　諸天龍鬼神　及揵闥婆等
相視懷猶豫　瞻仰兩足尊　是事為云何　願佛為解說
於諸聲聞眾　佛說我第一　我今自於智　疑惑不能了
為是究竟法　為是所行道

為是究竟法　為是所行道
佛口所生子　合掌瞻仰待　願出微妙音　時為如實說
諸天龍神等　其數如恒沙　求佛諸菩薩　大數有八万
又諸万億國　轉輪聖王至　合掌以敬心　欲聞具足道
尒時佛告舍利弗止止不須復說若說是事
一切世間諸天及人皆當驚疑舍利弗重白
佛言世尊唯願說之唯願說之所以者何是
會无數百千万億阿僧祇衆生曾見諸佛諸
根猛利智慧明了聞佛所說則能敬信尒時
舍利弗欲重宣此義而說偈言
法王无上尊　唯說願勿慮　是會无量衆　有能敬信者
佛復止舍利弗若說是事一切世間天人阿脩
羅等皆當驚疑增上慢比丘將墜於大坑尒
時世尊重說偈言

止止不須說　我法妙難思　諸增上慢者　聞必不敬信
尒時舍利弗重白佛言世尊唯願說之唯願
說之今此會中如我等比百千万億世世已
曾從佛受化如此人等必能敬信長夜安隱
多所饒益尒時舍利弗欲重宣此義而說偈
言
无上兩足尊　願說第一法　我為佛長子　唯垂分別說
是會无量衆　能敬信此法　佛已曾世世　教化如是等
皆一心合掌　欲聽受佛語　我等千二百　及餘求佛者
願為此衆故　唯垂分別說　是等聞此法　則生大歡喜
尒時世尊告舍利弗汝已慇懃三請豈得不
說汝今諦聽善思念之吾當為汝分別解說
說此語時會中有比丘比丘尼優婆塞優婆
夷五千人等即從坐起礼佛而退所以者何
此輩罪根深重及增上慢未得謂得未證謂

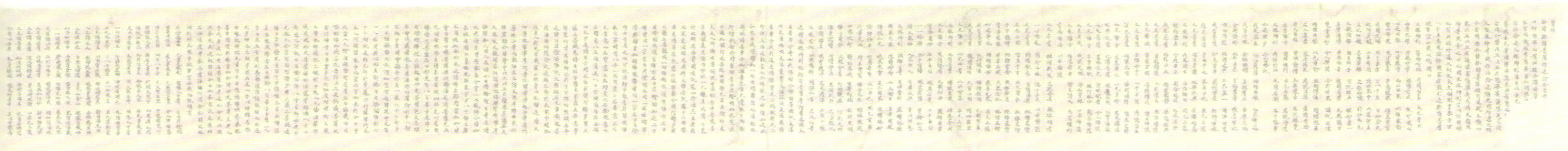

夷五千人等即從座起禮佛而退所以者何
此輩罪根深重及增上慢未得謂得未證謂
證有如此失是以不住世尊嘿然而不制止
尒時佛告舍利弗我今此衆无復枝葉純有
貞實舍利弗如是增上慢人退亦佳矣汝今
善聽當為汝說舍利弗言唯然世尊願樂欲
聞佛告舍利弗如是妙法諸佛如來時乃說
之如優曇鉢華時一現耳舍利弗汝等當信
佛之所說言不虛妄舍利弗諸佛隨宜說法
意趣難解所以者何我以无數方便種種因
緣譬喻言辭演說諸法是法非思量分別之
所能解唯有諸佛乃能知之所以者何諸佛
世尊唯以一大事因緣故出現於世舍利弗
云何名諸佛世尊唯以一大事因緣故出現
於世諸佛世尊欲令衆生開佛知見使得清
淨故出現於世欲示衆生佛之知見故出現

生入佛知見道故出現於世舍利弗是為諸
佛唯以一大事因緣故出現於世佛告舍利弗
諸佛如来但教化菩薩諸有所作常為一事
唯以佛之知見示悟衆生舍利弗如来但以
一佛乗故為衆生説法无有餘乗若二若三
舍利弗一切十方諸佛法亦如是舍利弗過
去諸佛以无量无數方便種種因緣辟喻言
辝而為衆生演説諸法是法皆為一佛乗故
是諸衆生從諸佛聞法究竟皆得一切種智
舍利弗未来諸佛當出於世亦以无量无數
方便種種因緣辟喻言辝而為衆生演説諸
法是法皆為一佛乗故是諸衆生從佛聞法
究竟皆得一切種智舍利弗現在十方无量
百千万億佛土中諸佛世尊多所饒益安樂
衆生是諸佛亦以无量无數方便種種因緣

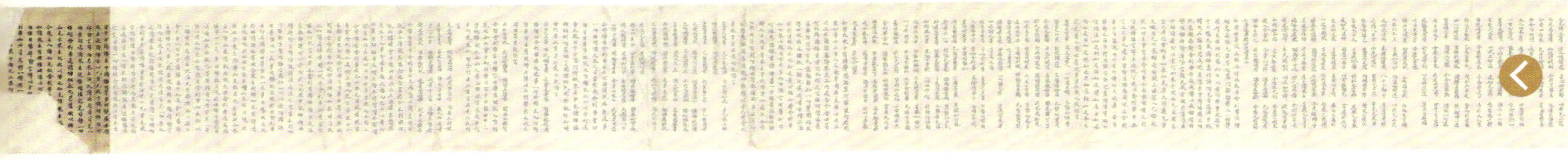

百千万億佛土中諸佛世尊多所饒益安樂
衆生是諸佛亦以无量无數方便種種因緣
譬喻言辞而為衆生演說諸法是法皆為一
佛乘故是諸衆生從佛聞法究竟皆得一切
種智舍利弗是諸佛但教化菩薩欲以佛之
知見示衆生故欲以佛之知見悟衆生故
令衆生入佛知見故舍利弗我
知諸衆生有種種欲深心所
種種因緣譬喻言辞以方便
利弗如此皆為得一佛乘一
界中尚无二乘何
世所謂劫

BD00866 大智度論卷三〇

龍樹 造

（後秦）鳩摩羅什 譯

50.5cm × 26.7cm

如對面問曰若尒者佛常在國主聚落說法
教化而閻浮提內人不至佛邊則不得聞何
以知之多有從遠方來欲聽說法者故答曰
佛音聲有二種一為密音聲二為不密音聲
密音聲先已說不密音聲至佛邊乃聞是
亦有二種弟子一為出世聖人二為世間凡
夫出世聖人如目揵連等能聞微密音聲
凡夫人隨其所近乃聞復次諸菩薩得入
三位離生死身得法性真形能見十方无量佛
身及遍照光明亦能得聞諸佛六十種梵遠无
量音聲諸大菩薩雖未具足如佛音聲於佛
音聲中並得其分是佛菩薩音聲有三種
一者先世種善音聲因緣故咽喉中得微妙四

[illegible]
满二者神通力故咽喉四大出聲遍满三
千大千世界及十方恒河沙世界三者佛
音聲常能遍满十方虚空問曰若佛音聲
常能遍满令衆生何以不得常聞答曰衆生
无量劫以来亦作悪業覆是故不聞譬如雷電
礔礰聾者不聞雷聲无減佛亦如是常為
衆生説法如龍震大雷衆生罪故自不得聞如
令世人精進持戒者於念佛三昧心得定時
罪垢不鄣即得見佛聞佛説法音聲清了菩
薩於三種音聲中欲得二種是二種音聲甚
難希有故如業果音聲自然可得故以是故
説菩薩摩訶薩欲以一音使十方恒河沙等世
界聞聲者當學般若波羅蜜

BD00867

妙法蓮華經卷五

（後秦）鳩摩羅什 譯

763cm × 25.8cm

尒時他方國土諸来菩薩摩訶薩過八恒河
沙數於大衆中起立合掌作礼而白佛言世尊
若聽我等於佛滅後在此娑婆世界勤加精
進護持讀誦書寫供養是經典者當於此土
而廣說之尒時佛告諸菩薩摩訶薩衆止善
男子不須汝等護持此経何以者何我娑婆
世界自有六万恒河沙等菩薩摩訶薩一一
菩薩各有六万恒河沙眷屬是諸人等能於
我滅後護持讀誦廣說此経佛說是時娑婆
世界三千大千國土地皆震裂而於其中有
无量千万億菩薩摩訶薩同時踊出是諸菩
薩身皆金色三十二相无量光明先盡在此
娑婆世界之下此界虛空中住是諸菩薩聞

皆是大衆唱導之首各將六万恒河沙眷屬
况將五万四万三万二万一万恒河沙等眷
屬者况復乃至一恒河沙半恒河沙四分之
一乃至千万億那由他分之一况復千万億
那由他眷屬况復億万眷屬况復千万百万
乃至一万况復一千一百乃至一十况復將
五四三二一弟子者况復單己樂遠離行
如是等比无量无邊筭數譬喻所不能知是諸
菩薩從地出已各詣虚空七寶妙塔多寶如
来釋迦牟尼佛所到已向二世尊頭面礼足
及至諸寶樹下師子座上佛所亦皆作礼右
繞三帀合掌恭敬以諸菩薩種種讚法而以
讚歎住在一面欣樂瞻仰於二世尊是諸菩

BD00867　妙法蓮華經卷五

讃歎住在一面欣樂瞻仰於二世尊是諸菩
薩摩訶薩從初踊出以諸菩薩種種讃法而
讃於佛如是時間經五十小劫是時釋迦牟
尼佛嘿然而坐及諸四衆亦皆嘿然五十小
劫佛神力故令諸大衆謂如半日尒時四衆
亦以佛神力故見諸菩薩遍滿无量百千万
億國土虚空是菩薩衆中有四導師一名上
行二名无邊行三名淨行四名安立行是四
菩薩於其衆中冣爲上首唱導之師在大衆
前各共合掌觀釋迦牟尼佛而問訊言世尊
少病少惱安樂行不所應度者受教易不不
令世尊生疲勞耶尒時四大菩薩而説偈言
世尊安樂　少病少惱　教化衆生　得无疲惓
又諸衆生　受化易不　不令世尊　生疲勞耶

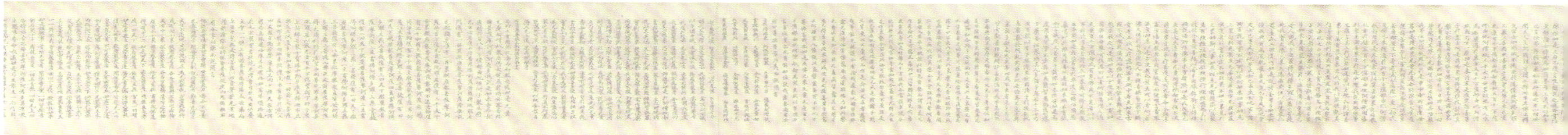

尒時世尊於菩薩大衆中而作是言如是如
是諸善男子如来安樂少病少惱諸衆生等
易可化度无有疲勞所以者何是諸衆生世
世已来常受我化亦於過去諸佛供養尊重
種諸善根此諸衆生始見我身聞我所說即
皆信受入如来慧除先脩習學小乘者如是
之人我今亦令得聞是經入於佛慧尒時諸
大菩薩而說偈言
善哉善哉 大雄世尊 諸衆生等 易可化度
能問諸佛 甚深智慧 聞已信行 我等隨喜
於時世尊讚歎上首諸大菩薩善哉善哉善
男子汝等能於如来發隨喜心尒時弥勒菩
薩及八千恒河沙諸菩薩衆皆作是念我等
從昔已来不見不聞如是大菩薩摩訶薩衆

從昔已来不見不聞如是大菩薩摩訶薩衆
從地踊出住世尊前合掌供養問訊如来時
弥勒菩薩摩訶薩知八千恒河沙諸菩薩等
心之所念并欲自決所疑合掌向佛以偈問曰
无量千万億　大衆諸菩薩　昔所未曾見　願兩足尊說
是從何所来　以何因緣集　巨身大神通　智慧叵思議
其志念堅固　有大忍辱力　衆生所樂見　爲從何所来
一一諸菩薩　所將諸眷屬　其數无有量　如恒河沙等
或有大菩薩　將六万恒沙　如是諸大衆　一心求佛道
是諸大師等　六万恒河沙　俱来供養佛　及護持此經
將五万恒沙　其數過於是　四万及三万　二万至一万
一千一百等　乃至一恒沙　半及三四分　億万分之一
千万那由他　万億諸弟子　及至於半億　其數復過上

如是諸大眾　若人行籌數　過扵恒沙劫　猶不能盡知
是諸大威德　精進菩薩眾　誰為其說法　教化而成就
從誰初發心　稱揚何佛法　受持行誰經　脩習何佛道
如是諸菩薩　神通大智力　四方地震裂　皆從中踊出
世尊我昔来　未曾見是事　願說其所從　國土之名号
我常遊諸國　未曾見是眾　我扵此眾中　乃不識一人
忽然從地出　願說其因緣　今此之大會　无量百千億
是諸菩薩等　皆欲知此事　是諸菩薩眾　本末之因緣
无量德世尊　唯願決眾疑
尒時釋迦牟尼佛分身諸佛從无量千万億
他方國土来者在扵八方諸寶樹下師子座
上結跏趺坐其佛侍者各各見是菩薩大眾
扵三千大千世界四方從地踊出住扵虛空

於三千大千世界四方從地踊出住於虛空
各白其佛言世尊此諸无量无邊阿僧祇菩
薩大衆從何所来尒時諸佛各告侍者諸善
男子且待須臾有菩薩摩訶薩名曰弥勒釋迦
牟尼佛之所授記次後作佛已問斯事佛今
荅之汝等自當因是得聞尒時釋迦牟尼佛
告弥勒菩薩善哉善哉阿逸多乃能問佛如
是大事汝等當共一心披精進鎧發堅固意
如来今欲顯發宣示諸佛智慧諸佛自在神
通之力諸佛師子奮迅之力諸佛威猛大勢
之力尒時世尊欲重宣此義而說偈言
當精進一心　我欲說此事　勿得有疑悔　佛智叵思議
汝今出信力　住於忍善中　昔所未聞法　今皆當得聞
我今安慰汝　勿得懷疑懼　佛无不實語　智慧不可量

所得第一法　甚深叵分別　如是今當說　汝等一心聽
尒時世尊說此偈已告弥勒菩薩我今於此
大衆宣告汝等阿逸多是諸大菩薩摩訶薩
无量无數阿僧祇從地踊出汝等昔所未見
者我於是娑婆世界得阿耨多羅三藐三菩
提已教化示導是諸菩薩調伏其心令發道
意此諸菩薩皆於是娑婆世界之下此界虛
空中住於諸經典讀誦通利思惟分別正憶
念阿逸多是諸善男子等不樂在衆多有所
說常樂靜處勤行精進未曾休息亦不依止
人天而住常樂深智无有障礙亦常樂於諸
佛之法一心精進求无上慧尒時世尊欲重
宣此義而說偈言
阿逸汝當知　是諸大菩薩　從无數劫來　脩習佛智慧

阿逸汝當知　是諸大菩薩　從无數劫來　脩習佛智慧
悉是我所化　令發大道心　此等是我子　依止是世界
當行頭陁事　志樂於靜處　捨大衆憒鬧　不樂多所說
如是諸子等　學習我道法　晝夜常精進　為求佛道故
在娑婆世界　下方空中住　志念力堅固　常勤求智慧
說種種妙法　其心无所畏　我於伽耶城　菩提樹下坐
得成最正覺　轉无上法輪　尒乃教化之　令初發道心
今皆住不退　悉當得成佛　我今說實語　汝等一心信
我從久遠來　教化是等衆
尒時弥勒菩薩摩訶薩及无數諸菩薩等心
生疑惑怪未曾有而作是念云何世尊於少
時間教化如是无量无邊阿僧祇諸大菩薩
令住阿耨多羅三藐三菩提即白佛言世尊
如來為太子時出於釋宮去伽耶城不

於道場得成阿耨多羅三藐三菩提從是
已來始過四十餘年世尊云何於此少時大作
佛事以佛勢力以佛功德教化如是无量大
菩薩衆當成阿耨多羅三藐三菩提世尊此
大菩薩衆假使有人於千万億劫數不能盡
不得其邊斯等久遠已來於无量无邊諸佛
所殖諸善根成就菩薩道常脩梵行世尊如
此之事世所難信譬如有人色美髮黑年二
十五指百歲人言是我子其百歲人亦指年
少言是我父生育我等是事難信佛亦如是
得道已來其實未久而此大衆諸菩薩等已
於无量千万億劫為佛道故勤行精進善入
出住无量百千万億三昧得大神通久脩梵
行善能次第習諸善法巧於問荅人中之寶

[illegible]
行善能次第習諸善法巧於問答人中之寶
一切世間甚為希有今日世尊方云得佛道
時初令發心教化示導令向阿耨多羅三藐
三菩提世尊得佛未久乃能作此大功德事
我等雖復信佛隨宜所說佛所出言未曾虛
妄佛所知者皆悉通達然諸新發意菩薩於
佛滅後若聞是語或不信受而起破法罪業
因緣唯然世尊願為解說除我等疑及未來
世諸善男子聞此事已亦不生疑尒時弥勒
菩薩欲重宣此義而說偈言
佛昔從釋種　出家近伽耶　坐於菩提樹　尒來尚未久
此諸佛子等　其數不可量　久已行佛道　住於神通力
善學菩薩道　不染世間法　如蓮華在水　從地而踊出

皆起恭敬心　住於世尊前　是事難思議　云何而可信

佛得道甚近　所成就甚多　願為除衆疑　如實分別說

譬如少壯人　年始二十五　示人百歲子　髮白而面皺

是等我所生　子亦說是父　父少而子老　舉世所不信

世尊亦如是　得道來甚近　是諸菩薩等　志固无怯弱

從无量劫來　而行菩薩道　巧於難問荅　其心无所畏

忍辱心決定　端正有威德　十方佛所讚　善能分別說

不樂在人衆　常好在禪定　為求佛道故　於下空中住

我等從佛聞　於此事无疑　願佛為未來　演說令開解

若有於此經　生疑不信者　即當墮惡道　願今為解說

是无量菩薩　云何於少時　教化令發心　而住不退地

妙法蓮華經如來壽量品第十六

尒時佛告諸菩薩及一切大衆諸善男子汝

等當信解如來誠諦之語復告大衆汝等當

BD00867　妙法蓮華經卷五

尒時佛告諸菩薩及一切大衆諸善男子汝
等當信解如来誠諦之語復告大衆汝等當
信解如来誠諦之語又復告諸大衆汝等當
信解如来誠諦之語是時菩薩大衆弥勒為
首合掌白佛言世尊唯願說之我等當信受
佛語如是三白已復言唯願說之我等當信
受佛語尒時世尊知諸菩薩三請不止而告
之言汝等諦聽如来秘密神通之力一切世
閒天人及阿脩羅皆謂今釋迦牟尼佛出釋
氏宮去伽耶城不遠坐於道場得阿耨多羅
三藐三菩提然善男子我實成佛已来无量
无邊百千万億那由他劫譬如五百千万億
那由他阿僧祇三千大千世界假使有人末
為微塵過於東方五百千万億那由他阿僧

祇國乃下一塵如是東行盡是微塵諸善男
子於意云何是諸世界可得思惟校計知其
數不彌勒菩薩等俱白佛言世尊是諸世界
无量无邊非筭數所知亦非心力所及一切
聲聞辟支佛以无漏智不能思惟知其限數
我等住阿惟越致地於是事中亦所不達世
尊如是諸世界无量无邊尒時佛告大菩薩
衆諸善男子今當分明宣語汝等是諸世界
若著微塵及不著者盡以為塵一塵一劫我
成佛已來復過於此百千万億那由他阿僧
祇劫自從是來我常在此娑婆世界說法教
化亦於餘處百千万億那由他阿僧祇國導
利衆生諸善男子於是中間我說然燈佛等
又復言其入於涅槃如是皆以方便分別諸善

又復言其入於涅槃如是皆以方便分別諸善
男子若有衆生來至我所我以佛眼觀其
信等諸根利鈍隨所應度處處自說名字不
同年紀大小亦復現言當入涅槃又以種種
方便說微妙法能令衆生發歡喜心諸善男
子如來見諸衆生樂於小法德薄垢重者為
是人說我少出家得阿耨多羅三藐三菩提
然我實成佛已來久遠若斯但以方便教化
衆生令入佛道作如是說諸善男子如來所
演經典皆為度脫衆生或說己身或說他身
或示己身或示他身或示己事或示他事諸
所言說皆實不虛所以者何如來如實知見
三界之相无有生死若退若出亦无在世及
滅度者非實非虛非如非異不如三界見於

三界如斯之事如來明見无有錯謬以諸衆
生有種種性種種欲種種行種種憶想分別
故欲令生諸善根以若干因緣辟喻言辭種
種說法所作佛事未曾暫癈如是我成佛已
來甚大久遠壽命无量阿僧祇劫常住不滅
諸善男子我本行菩薩道所成壽命今猶未
盡復倍上數然今非實滅度而便唱言當取
滅度如來以是方便教化衆生所以者何若
佛久住於世薄德之人不種善根貧窮下賤
貪著五欲入於憶想妄見網中若見如來常
在不滅便起憍恣而懷猒怠不能生難遭之
想恭敬之心是故如來以方便說比丘當知
諸佛出世難可值遇所以者何諸薄德人過
无量百千万億劫或有見佛或不見者以此

无量百千万億劫或有見佛或不見者以此
事故我作是言諸比丘如来難可得見斯衆
生等聞如是語必當生扵難遭之想心懷戀
慕渴仰扵佛便種善根是故如来雖不實滅
而言滅度又善男子諸佛如来法皆如是爲
度衆生皆實不虛譬如良醫智慧聰達明練
方藥善治衆病其人多諸子息若十二十乃
至百數以有事緣遠至餘國諸子扵後飲他
毒藥藥發悶亂宛轉于地是時其父還来歸
家諸子飲毒或失本心或不失者遥見其父
皆大歡喜拜跪問訊善安隱歸我等愚癡誤
服毒藥願見救療更賜壽命父見子等苦惱如
是依諸經方求好藥草色香美味皆悉具足
擣篩和合與子令服而作是言此大良藥

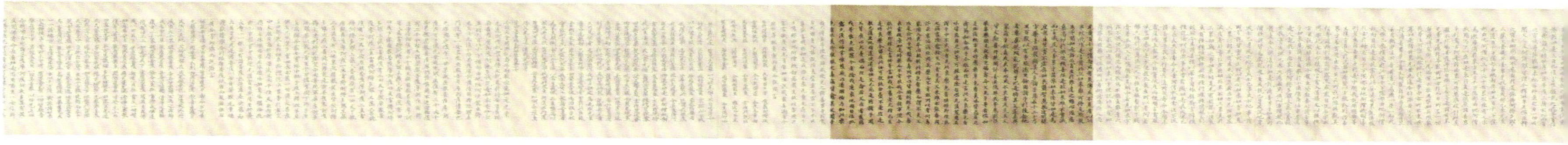

味皆悉具足汝等可服速除苦惱无復衆患其
諸子中不失心者見此良藥色香俱好即便服
之病盡除愈餘失心者見其父來雖亦歡喜問
訊求索治病然與其藥而不肯服所以者何毒
氣深入失本心故於此好色香藥而謂不美父
作是念此子可愍為毒所中心皆顛倒雖見我喜
求索救療如是好藥而不肯服我今當設方便令
服此藥即作是言汝等當知我今衰老死時已至
是好良藥今留在此汝可取服勿憂不差作是
教已復至他國遣使還告汝父已死是時諸子聞
父背喪心大憂惱而作是念若父在者慈愍
我等能見救護今者捨我遠喪他國自惟孤
露无復恃怙常懷悲感心遂醒悟乃知此藥
色香味美即取服之毒病皆愈其父聞子

色香味美即取服之毒病皆愈其父聞子
悉已得差尋便來歸咸使見之諸善男子於意
云何頗有人能說此良醫虛妄罪不不也世
尊佛言我亦如是成佛已來无量无邊百千
万億那由他阿僧祇劫為衆生故以方便力
言當滅度亦无有能如法說我虛妄過者尒
時世尊欲重宣此義而說偈言
自我得佛來　所經諸劫數　无量百千万　億載阿僧祇
常說法教化　无數億衆生　令入於佛道　尒來无量劫
為度衆生故　方便現涅槃　而實不滅度　常住此說法
我常住於此　以諸神通力　令顛倒衆生　雖近而不見
衆見我滅度　廣供養舍利　咸皆懷戀慕　而生渴仰心
衆生既信伏　質直意柔軟　一心欲見佛　不自惜身命

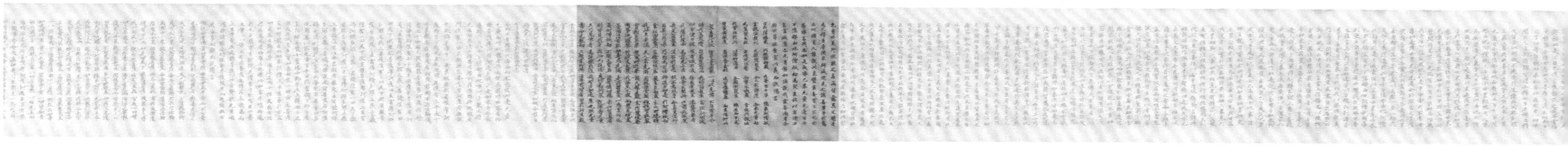

時我及眾僧　俱出靈鷲山　我時語眾生　常在此不滅
以方便力故　現有滅不滅　餘國有眾生　恭敬信樂者
我復於彼中　為說无上法　汝等不聞此　但謂我滅度
我見諸眾生　沒在於苦惱　故不為現身　令其生渴仰
因其心戀慕　乃出為說法　神通力如是　於阿僧祇劫
常在靈鷲山　及餘諸住處　眾生見劫盡　大火所燒時
我此土安隱　天人常充滿　園林諸堂閣　種種寶莊嚴
寶樹多華果　眾生所遊樂　諸天擊天鼓　常作眾伎樂
雨曼陁羅華　散佛及大眾　我淨土不毀　而眾見燒盡
憂怖諸苦惱　如是悉充滿　是諸罪眾生　以惡業因緣
過阿僧祇劫　不聞三寶名　諸有脩功德　柔和質直者
則皆見我身　在此而說法　或時為此眾　說佛壽无量
久乃見佛者　為說佛難值　我智力如是　慧光照无量
壽命无數劫　久脩業所得　汝等有智者　勿於此生疑

壽命无數劫　久脩業所得　汝等有智者　勿於此生疑
當斷令永盡　佛語實不虛　如醫善方便　為治狂子故
實在而言死　无能說虛妄　我亦為世父　救諸苦患者
為凡夫顛倒　實在而言滅　以常見我故　而生憍恣心
放逸著五欲　墮於惡道中　我常知衆生　行道不行道
隨應所可度　為說種種法　每自作是意　以何令衆生
得入无上道　速成就佛身

妙法蓮華經分別功德品第十七

尒時大會聞佛說壽命劫數長遠如是　无量
无邊阿僧祇衆生得大饒益　於時世尊告弥
勒菩薩摩訶薩　阿逸多　我說是如來壽命長
遠時　六百八十万億那由他恒河沙衆生得
无生法忍　復千倍菩薩摩訶薩得聞持陁羅尼
門復有一世界微塵數菩薩摩訶薩得樂說

无礙辯才復有一世界微塵數菩薩摩訶
薩得百万億无量旋陁羅尼復有三千大千
世界微塵數菩薩摩訶薩能轉不退法輪復
有二千中國土微塵數菩薩摩訶薩能轉
清淨法輪復有小千國土微塵數菩薩摩訶
薩八生當得阿耨多羅三藐三菩提復有四
四天下微塵數菩薩摩訶薩四生當得阿耨
多羅三藐三菩提復有三四天下微塵數菩
薩摩訶薩三生當得阿耨多羅三藐三菩提
復有二四天下微塵數菩薩摩訶薩二生當
得阿耨多羅三藐三菩提復有一四天下微
塵數菩薩摩訶薩一生當得阿耨多羅三藐
三菩提復有八世界微塵數衆生皆發阿耨
多羅三藐三菩提心佛說是諸菩薩摩訶薩

多羅三藐三菩提心佛說是諸菩薩摩訶薩
得大法利時於虛空中雨曼陁羅華摩訶曼
陁羅華以散无量百千万億寶樹下師子座
上諸佛并散七寶塔中師子座上釋迦牟尼
佛及久滅度多寶如來亦散一切諸大菩薩
及四部衆又雨細末栴檀沉水香等於虛空
中天鼓自鳴妙聲深遠又雨千種天衣垂諸
瓔珞真珠瓔珞摩尼珠瓔珞如意珠瓔珞遍
於九方衆寶香爐燒无價香自然周至供養
大會一一佛上有諸菩薩執持幡蓋次第而
上至于梵天是諸菩薩以妙音聲歌无量頌
讚歎諸佛尒時弥勒菩薩從座而起偏袒右
肩合掌向佛而說偈言
佛說希有法　昔所未曾聞　世尊有大力　壽命不可量

无數諸佛子　聞世尊分別　說得法利者　歡喜充遍身
或住不退地　或得陁羅尼　或无礙樂說　万億旋總持
或有大千界　微塵數菩薩　各各皆能轉　不退之法輪
或有中千界　微塵數菩薩　各各皆能轉　清淨之法輪
復有小千界　微塵數菩薩　餘各八生在　當得成佛道
復有四三二　如是四天下　微塵諸菩薩　隨數生成佛
或一四天下　微塵數菩薩　餘有一生在　當成一切智
如是等衆生　聞佛壽長遠　得无量无漏　清淨之果報
復有八世界　微塵數衆生　聞佛說壽命　皆發无上心
世尊說无量　不可思議法　多有所饒益　如虛空无邊
雨天曼陁羅　摩訶曼陁羅　釋梵如恒沙　无數佛土來
雨栴檀沉水　繽紛而亂墜　如鳥飛空下　供散於諸佛
天鼓虛空中　自然出妙聲　天衣千万種　旋轉而來下
衆寶妙香爐　燒无價之香　自然悉周遍　供養諸世尊

天鼓虛空中　自然出妙聲　天衣千万種　旋轉而來下
衆寶妙香爐　燒无價之香　自然悉周遍　供養諸世尊
其大菩薩衆　執七寶幡蓋　高妙万億種　次第至梵天
一一諸佛前　寶幢懸勝幡　亦以千万偈　歌詠諸如來
如是種種事　昔所未曾有　聞佛壽无量　一切皆歡喜
佛名聞十方　廣饒益衆生　一切具善根　以助无上心
尒時佛告弥勒菩薩摩訶薩阿逸多其有衆
生聞佛壽命長遠如是乃至能生一念信解
所得功德无有限量若有善男子善女人為
阿耨多羅三藐三菩提於八十万億那由他
劫行五波羅蜜檀波羅蜜尸羅波羅蜜羼提
波羅蜜毗梨耶波羅蜜禪波羅蜜除般若波
羅蜜以是功德比前功德百分千分百千万
億分不及其一乃至筭數譬喻所不能知若

善男子〻有如是功德於阿耨多羅三藐三菩
提退者无有是處尒時世尊欲重宣此義而
說偈言
若人求佛慧　於八十万億　那由他劫數　行五波羅蜜
於是諸劫中　布施供養佛　及緣覺弟子　并諸菩薩衆
珍異之飲食　上服與卧具　栴檀立精舍　以園林莊嚴
如是等布施　種種皆微妙　盡此諸劫數　以迴向佛道
若復持禁戒　清淨无缺漏　求於无上道　諸佛之所歎
若復行忍辱　住於調柔地　設衆惡来加　其心不傾動
諸有得法者　懷於增上慢　為此所輕惱　如是亦能忍
若復勤精進　志念常堅固　於无量億劫　一心不懈息
又於无數劫　住於空閑處　若坐若經行　除睡常攝心
以是因緣故　能生諸禪定　八十億万劫　安住心不亂
持此一心福　願求无上道　我得一切智　盡諸禪定際

持此一心福　願求无上道　我得一切智　盡諸禪之際
是人於百千　万億劫數中　行此諸功德　如上之所說
有善男女等　聞我說壽命　乃至一念信　其福過於彼
若人悉无有　一切諸疑悔　深心須臾信　其福爲如此
其有諸菩薩　无量劫行道　聞我說壽命　是則能信受
如是諸人等　頂受此經典　願我於未來　長壽度衆生
如今日世尊　諸釋中之王　道場師子吼　說法无所畏
我等未來世　一切所尊敬　坐於道場時　說壽亦如是
若有深心者　清淨而質直　多聞能揔持　隨義解佛語
如是諸人等　於此无有疑
又阿逸多　若有聞佛壽命長遠　解其言趣　是
人所得功德　无有限量　能起如來无上之慧
何況廣聞是經　若教人聞　若自持　若教人持
若自書　若教人書　若以華香瓔珞幢幡繒蓋香

油酥燈供養經卷是人功德无量无邊能
生一切種智阿逸多若善男子善女人聞我
說壽命長遠深心信解則為見佛常在耆闍
崛山共大菩薩諸聲聞衆圍繞說法又見此
娑婆世界其地瑠璃坦然平正閻浮檀金以
界八道寶樹行列諸臺樓觀皆悉寶成其菩
薩衆咸處其中若有能如是觀者當知是為
深信解相又復如來滅後若聞是經而不毀
呰起隨喜心當知已為深信解相何況讀誦
受持之者斯人則為頂戴如來阿逸多是善
男子善女人不須為我復起塔寺及作僧坊
以四事供養衆僧所以者何是善男子善女
人受持讀誦是經典者為已起塔造立僧坊
供養衆僧則為以佛舍利起七寶塔高廣漸

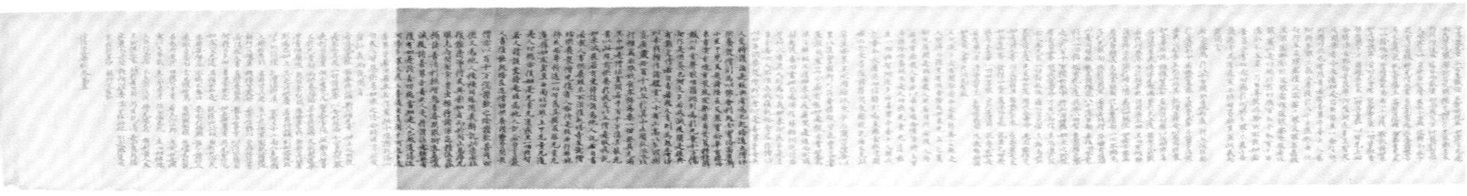

人受持讀誦是經典者為已起塔造立僧坊
供養眾僧則為以佛舍利起七寶塔高廣漸
小至于梵天懸諸幡蓋及眾寶鈴華香瓔珞
末香塗香燒香眾鼓伎樂簫笛箜篌種種舞
戲以妙音聲歌唄讚頌則為於无量千万億
劫作是供養已阿逸多若我滅後聞是經典
有能受持若自書若教人書則為起立僧坊
以赤栴檀作諸殿堂三十有二高八多羅樹
高廣嚴好百千比丘於其中止園林流池經
行禪窟衣服飲食床褥湯藥一切樂具充滿
其中如是僧坊堂閣若干百千万億其數无
量以此現前供養於我及比丘僧是故我說
如來滅後若有受持讀誦為他人說若自書
若教人書供養經卷不須復起塔寺及造僧

坊供養衆僧况復有人能持是經兼行布施
持戒忍辱精進一心智慧其德最勝无量无
邊譬如虛空東西南北四維上下无量无邊
是人功德亦復如是无量无邊疾至一切種智
若人讀誦受持是經為他人說若自書若教
人書復能起塔及造僧坊供養讚歎聲聞衆
僧亦以百千万億讚歎之法讚歎菩薩功
德又為他人種種因緣隨義解說此法華經
復能清淨持戒與柔和者而共同止忍辱无
瞋志念堅固常貴坐禪得諸深定精進勇猛
攝諸善法利根智慧善答問難阿逸多若我
滅後諸善男子善女人受持讀誦是經典者
復有如是諸善功德當知是人已趣道場近
阿耨多羅三藐三菩提坐道樹下阿逸多是

復有如是諸善功德當知是人已趣道場近
阿耨多羅三藐三菩提坐道樹下阿逸多是
善男子若坐若立若行處此中便應起塔一
切天人皆應供養如佛之塔尒時世尊欲重
宣此義而說偈言
若我滅度後　能奉持此經　斯人福无量　如上之所說
是則為具足　一切諸供養　以舍利起塔　七寶而莊嚴
表剎甚高廣　漸小至梵天　寶鈴千万億　風動出妙音
又於无量劫　而供養此塔　華香諸瓔珞　天衣衆伎樂
然香油蘇燈　周帀常照明　惡世法末時　能持是經者
則為已如上　具足諸供養　若能持此經　則如佛現在
以牛頭栴檀　起僧坊供養　堂有三十二　高八多羅樹
上饌妙衣服　床卧皆具足　百千衆住處　園林諸流池
經行及禪窟　種種皆嚴好　若有信解心　受持讀誦書

若復教人書　及供養經卷　散華香末香　以須曼瞻蔔
阿提目多伽　薰油常然之　如是供養者　得无量功德
如虛空无邊　其福亦如是　況復持此經　兼布施持戒
忍辱樂禪定　不瞋不惡口　恭敬於塔廟　謙下諸比丘
遠離自高心　常思惟智慧　有問難不瞋　隨順爲解說
若能行是行　功德不可量　若見此法師　成就如是德
應以天華散　天衣覆其身　頭面接足礼　生心如佛想
又應作是念　不久詣道樹　得无漏无爲　廣利諸人天
其所住止處　經行若坐臥　乃至說一偈　是中應起塔
莊嚴令妙好　種種以供養　佛子住此地　則是佛受用
常在於其中　經行及坐臥

妙法蓮華經卷第五

妙法蓮華經卷第五

圖書在版編目（CIP）數據

中國國家圖書館藏敦煌文獻．第五七册／中國國家圖書館編．—北京：國家圖書館出版社，2024.12

ISBN 978-7-5013-7979-8

Ⅰ．①中… Ⅱ．①中… Ⅲ．①敦煌學－文獻 Ⅳ．①K870.6

中國國家版本館 CIP 數據核字（2024）第 036576 號

書　　名　中國國家圖書館藏敦煌文獻·第五七册
著　　者　中國國家圖書館　編
項目統籌　魏　崇　殷夢霞
責任編輯　苗文葉　潘　竹　程魯潔　黄　鑫
責任校對　王　哲　蔣昕童

出版發行　國家圖書館出版社（北京市西城區文津街 7 號　100034）
（原書目文獻出版社　北京圖書館出版社）
010-66114536　63802249　nlcpress@nlc.cn（郵購）
網　　址　http://www.nlcpress.com
排版印裝　天津裕同印刷有限公司
版次印次　2024 年 12 月第 1 版　2024 年 12 月第 1 次印刷

開　　本　787×1092　1/8
印　　張　41
書　　號　ISBN 978-7-5013-7979-8
定　　價　2800.00 圓